ECKART-
SCHRIFT
182

Günter Brehmer

„Politik selbst in die Hand nehmen ...“ Öffentlichkeitsarbeit in eigener Sache:

Wie Bürger sich wirksam politisch artikulieren können

Österreichische Landsman

Wien, im Mai 2006

ISBN 3-902350-19-9

Inhaltsverzeichnis

Vorwort des Herausgebers

Als wir vor ungefähr einem Jahr eine Umfrage starteten, ob wir mit einer kleinen Broschüre in Form einer Eckartschrift zum Thema Öffentlichkeitsarbeit genügend Interesse bei unseren Beziehern finden würden, haben sich viele von Ihnen zustimmend gemeldet.

Sie haben uns Mut gemacht, an diese Arbeit heranzugehen. Wir haben nun einen kompetenten Autor gefunden und können daher eine Arbeit vorlegen, die sicher das Wesentliche dazu enthält, wie man als Einzelner oder in einer nichtparteigebundenen Gruppe die Stimme erhaben kann:

- um auf Mißstände aufmerksam zu machen;
- dagegen zu protestieren;
- seine Meinung zu besonderen und allgemeinen Themen der Tages-, Gesellschafts-, Sicherheits-, Gesundheits-, Naturschutzpolitik usw. und des Weltgeschehens zu sagen;
- kurzum sich als betroffener und verantwortungsbewußter Bürger zu Wort zu melden.

Wir hoffen, mit der vorliegenden Eckartschrift Ihre Erwartungen erfüllt zuhaben und Ihnen einen Leitfaden in die Hand zu geben, mit dem sie erfolgreich Unmut oder Zustimmung äußern können – wir alle werden ja immer wieder von „oben“ als die „mündigen Bürger“ angesprochenen!

Gertraud Schuller

Einleitung

Bürger in Österreich oder der Bundesrepublik Deutschland[1] können oft den Eindruck gewinnen, sie hätten keine Stimme, sie könnten sich nicht gegenüber Massenmedien, Volksparteien, Konzernen und Organisationen wie Greenpeace oder Amnesty International artikulieren. Das Gegenteil ist der Fall: Auch der Einzelne oder die kleine Gruppe können dafür sorgen, daß sie gehört werden. Sie können dies durch wirtschaftlichen Druck, durch Publizität, durch Teilnahme an der Politik, durch das Wirken in anderen sozialen Gruppen und besondere Aktionen erreichen. Sie müssen es nur wollen und wissen, wie sie vorgehen können. Der vorliegende Band soll dabei helfen, die eigenen, öffentlichen Anliegen endlich selbst in die Hand zu nehmen. Er zeigt deshalb, wie Bürger sich wirksam politisch artikulieren können.
Denken Sie als Leser dieser Schrift einen Moment daran, Sie hätten die Mittel, sich Gehör zu verschaffen. Denken Sie weiter, Sie würden damit selbst zunächst nur zwei weitere Menschen erreichen. Wenn diese beiden sich ihrerseits in ähnlichem Sinne äußern, hat Ihr Anliegen nun schon drei Unterstützer und im nächsten Schritt sechs und dann zwölf usw. Und jetzt denken Sie daran, z.B. eine Partei, ein Fernsehsender oder eine Zeitung erhielte in der ersten Woche drei Protestbriefe, in der zweiten sechs und schließlich einen Sack voll. Werden die Verantwortlichen in der Partei oder in den Redaktionen Sie ernst nehmen? Ja, das werden sie. Sie werden Sie sehr ernst nehmen, sie sind nämlich auf Wähler, Zuschauer, Käufer, Leser, Kunden usw. angewiesen. Sie können ohne sie gar nicht existieren.

---

1 Unter Deutschland wird im Folgenden der geschlossene deutsche Sprachraums verstanden. In weiteren Gebieten mit deutscher Bevölkerung herrschen andere Rahmenbedingungen. Dennoch sind auch diese Deutschen aufgefordert, ihre Forderungen selbst zu artikulieren.

„Die Politiker unter Druck setzen"

Der Historiker Arnulf Baring hat die Bürger aufgerufen, „auf die Barrikaden zu gehen", weil die Politiker unfähig zu ökonomischen und sozialen Reformen seien und das Parteiensystem angesichts der wachsenden Probleme nicht gestalterisch genug sei. Statt dessen müßten die Bürger mehr Verantwortung übernehmen.[2] Der Politikwissenschaftler Werner Weidenfeld von der Universität München diagnostiziert in der bundesdeutschen Gesellschaft Stillstand und Blockade gegenüber dringenden Veränderungen: „In unserem Land, in dem jeder Zentimeter des Status quo mit wehrhaften Interessenvertretungen besetzt ist, kann eine bloße moderierende Politik keine Korrektur vornehmen". Ähnlich lähmend sind die parteipolitischen Proporzsysteme, die gewerkschaftlichen Blockaden oder die erdrückende political correctness. Weidenfeld fordert, daß die Bürger ihre Anliegen selbst in die Hand nehmen müssen: „Sie müssen ihre Absichten so kraftvoll artikulieren, daß die Politik die Notwendigkeit zur Integration dieser Bürgerbewegungen entdeckt. Nur unter solchem Druck wird sich die Politik korrigieren."[3] Eine aktuelle Studie gibt ihm recht. Demnach fordern 53 Prozent der Befragten eine Verlagerung von Entscheidungen von der Politik auf den Bürger.[4]

Auch renommierte ausländische Stimmen geben der Meinung von der Entscheidungsschwäche und der Unfähigkeit, Probleme zu lösen, Recht. So vertritt die britische Wirtschaftszeitschrift „The Economist" die Auffassung (30. 8. 2003), daß Deutschland sich zu einer Konsensgesellschaft entwickelt habe, in der Reformen kaum noch möglich seien, denn „Politik

---

2 K. Methfessel und F. Thelen: Anpassung an die Unterschichten. Wirtschaftswoche 5. 12. 2002.

3 W. Weidenfeld: Die Politiker unter Druck setzen. Focus 10/2003.

4 Perspektive Deutschland 2002.

wird zunehmend in Gesprächszirkeln, an runden Tischen und in Gruppen von Akademikern, Politikern, Geschäftsleuten und Lobbyisten gemacht", nicht von einfachen Bürgern. Deshalb warnt der Richter am höchsten bundesdeutschen Gericht Hans-Jürgen Papier „vor einer Entparlamentarisierung. Wenn das Parlament weniger der Ort der Politik ist [...], verlieren die Bürger ihre Auffassung von Repräsentation, und Wahlen werden entwertet."[5] Dem Tempo der Globalisierung sei die Entscheidungsgeschwindigkeit in der Bundesrepublik Deutschland deshalb nicht gewachsen. In Österreich sieht die Situation nicht anders aus.

Auch grundsätzlich gilt: Das politische Engagement des Einzelnen ist wesentlich für eine Demokratie. Nur wer politisch aktiv ist – sei es durch persönliche Gespräche oder Leserbriefe oder die Gründung oder Mitarbeit in einer Organisation – kann sein Schicksal und das seines Volkes beeinflussen. Wer dagegen Politik passiv über sich ergehen läßt, etwa wie ein Fernsehzuschauer, kann nicht nur nichts bewegen, sondern hat auch wenig Recht, sich zu beklagen. Deshalb formuliert der Politologe Giovanni Sartori: „Doch man darf auch nicht vergessen, daß Wahlen etwas nur Gelegentliches und Elementares sind. Zwischen den Wahlen bleibt die Volksmacht weitgehend passiv; und es gibt auch einen weiten Ermessensspielraum (nicht zu reden von Diskrepanzen) zwischen allgemeinen Wahlentscheidungen und konkreten Regierungsentscheidungen. Des weiteren halten Wahlen die Entscheidungen des Wählers fest; doch wie kommen diese zustande? [...] Die Wahlmacht an sich ist die mechanische Garantie der Demokratie; doch die substantielle Garantie liegt bei den Bedingungen, unter denen der Bürger Informationen erhält und den Ein-

5 Rede im Berliner Reichstag am 24. 2. 2006, Text unter: www.bpb.de/files/LD3460.pdf (25. 4. 2006)

flüssen der Meinungsmacher ausgesetzt ist. [...] Man sagt, das Volk müsse souverän sein. Doch ein leerer Souverän, der nichts zu sagen hat, der keine eigene Meinung hat, ist ein bloßer Akklamateur, ein Souverän von nichts."[6]

Die traditionellen Nicht-Regierungsorganisationen – von Amnesty International bis zur Caritas – sind heute längst etabliert und betreuen oft ihre feste Klientel mit professionellen Public Relations (PR) und Lobbyismus. Sie sitzen heute an den Schaltstellen der Macht und haben Budgets wie Konzerne (und damit eigene wirtschaftliche Interessen sowie das Ziel der Selbsterhaltung). Viele Nicht-Regierungsorganisationen distanzieren sich auch nicht deutlich genug von gewalttätigen Protestaktionen z.B. militanter Globalisierungsgegner. Zudem neigen sie dazu, sich neue Ziele zu suchen, um sich zu legitimieren, auch wenn das ihrem ursprünglichen Zweck widerspricht, oder lassen sich zu allgemeinpolitischen Aussagen hinreißen, beispielsweise in der Ausländerfrage.[7]

Viele sind offen oder aufgrund der Auffassungen von Mitarbeitern darüber hinaus im linken politischen Lager angesiedelt. Auf diese Organisationen kann man also nicht zählen, sie können aber von der Methodik her als vorbildlich gelten.

Genügend Abgrenzung der Medien zu linken Globalisierungsgegnern?

6 G. Sartori: Demokratietheorie. 1992.

7 M. A. Höfer: Die heimliche Macht. Capital 6/2001. S. Hartwig: Globalisierungsgegner. Europäische Sicherheit 7/2002.

Denn eins ist sicher: Zwar sind, wie die Zeitschrift „Focus" im Mai 2004 kritisch in Erinnerung rief, die Mitgliederzahlen der Parteien so stark rückläufig, daß heute nur wenige Prozent der Bevölkerung Parteimitglieder sind, dennoch dominieren aber die Parteien nicht nur die politische Willensbildung, sondern auch die Auswahl der Themen, die überhaupt öffentlich diskutiert werden dürfen (beispielsweise EU-Mitgliedschaft, islamischer Terrorismus, Masseneinwanderung oder Abschaffung von D-Mark und Schilling). Wer diese Themen dennoch anspricht, erhält leicht das negativ gemeinte Prädikat „Populist" oder wird auf andere Weise ausgegrenzt. So verabreden sich Parteien oft genug, Themen „aus dem Wahlkampf herauszuhalten", als sei der Bürger nicht in der Lage, sich nicht nur eine Meinung zu Personen und Parteien zu bilden, sondern auch zu Inhalten. Wohlgemerkt soll oft genug nicht bloß eine bestimmte Position tabuisiert werden, sondern das Thema überhaupt, egal in welcher Weise und mit welchem Ergebnis man es diskutieren möchte – eine Konstellation, die einer Demokratie völlig unangemessen ist.
Ganz offen erklärte der damalige bundesdeutsche Außenminister Fischer, er halte nichts von dem Instrument der Volksbefragung bei so komplexen Themen wie EU-Verfassung. Man ist aber auch als Einzelner dennoch nicht gezwungen, sich mundtot machen zu lassen. Im Gegenteil: Je mehr Themen von der Tagesordnung verschwinden, desto mehr besteht bei vielen Menschen Aufklärungsbedarf und Interesse daran. Der berechtigte Zweifel an der Absicht vieler Politiker, die Wünsche der Bürger ernst zu nehmen, bildet einen enormen Rückenwind für Äußerungen und Aktionen zu kritischen Themen. Die Leute wollen nämlich ernst genommen werden und wünschen sich jemanden, der ihnen zuhört. Und existentielle Probleme gibt es inzwischen genug. Die heutigen ge-

sellschaftlichen Rahmenbedingungen sind dafür verantwortlich, daß es sich in der Tat früher oder später niemand mehr leisten kann, unpolitisch zu sein. Da ist es besser, man versucht früher etwas zu ändern, als später.
Im Folgenden sollen deshalb Methoden vorgestellt werden, wie man sich als Einzelner oder in der kleinen Gruppe politisch artikulieren und organisieren kann – damit Politik wieder eine Sache derer wird, die sie angeht: der Bürger.

1. Wirtschaftlicher Druck

„Am Geldbeutel spürt man am schnellsten den Schmerz" sagt ein Sprichwort. Es ist wahr, daß sowohl direkter wie auch indirekter wirtschaftlicher Druck, wenn er stark genug ist, in einer Marktwirtschaft in der Regel unmittelbare Folgen hat.

1.1 Direkter wirtschaftlicher Druck

Insbesondere direkter wirtschaftlicher Druck kann Anbieter von Waren oder Dienstleistungen treffen und zur Änderung von Positionen bewegen. Selten lassen sich die Eigentümer – ob Aktiengesellschaft oder Familienbetrieb – darauf ein, finanzielle Einbußen hinzunehmen oder dies auch nur zu riskieren. Finanzielle Einbußen entstehen bereits dann, wenn sich in einem Unternehmen Mitarbeiter mit Protesten beschäftigen müssen, denn sie können in dieser Zeit keine andere, wertschöpfende Tätigkeit ausüben. Wirtschaftlicher Druck, den organisierte oder unorganisierte Burger allein durch ihre Funktion als Konsumenten ausüben können, kann zwei Formen annehmen: *Boykott* (bestimmte Produkte oder Hersteller werden dauerhaft oder für eine bestimmte Zeit gemieden) oder umgekehrt *Bevorzugung* (bestimmte Produkte oder Hersteller werden anderen bevorzugt oder Produkte überhaupt erst erworben).

Boykotte oder Bevorzugungen können direkt gegenüber dem Hersteller (und seinem eigenen Vertrieb), über Konsumentenseiten im Internet mit Bewertungsmöglichkeit (z.B. www.dooyoo.de) oder über den Handel erfolgen. Dazu drei Beispiele:

Die sogenannte Boston Tea Party vom 16. Dezember 1773 ist eine der bekanntesten Boykottaktionen der Geschichte. Bostoner Bürger werfen aus Protest gegen die britische Politik in den amerikanischen Kolonien Tee der englischen East India Company ins Hafenbecken. Aus Sorge vor Vergeltung sind sie als Indianer verkleidet.

Beispiel 1: Aus Protest gegen die geplante Versenkung der Ölverladeplattform „Brent Spar" durch die Firma Shell organisierte Greenpeace einen europaweiten Boykott von Shell-Tankstellen, der (neben anderen Maßnahmen) das Unternehmen zum Einlenken zwang. Aktivisten demonstrierten zum Teil mit wenigen Personen vor Tankstellen oder teilten den Inhabern mit, warum sie nicht mehr bei ihnen kauften. Parallel zum globalen Thema wurde so lokal wirtschaftlicher Druck ausgeübt und von den lokalen Tankstellenpächtern an die Firmenzentrale weitergegeben. Denn diese hatten auch kein Interesse daran, unter Entscheidungen der Zentrale zu leiden.

Beispiel 2: Aus Protest gegen den US-Einmarsch im Irak wurden weltweit – und zwar in der Regel organisiert durch kleine lokale Gruppen – amerikanische

Produkte boykottiert. Andererseits wurden von Moslems in verschiedenen Staaten bewußt Konkurrenzprodukte zu Coca oder Pepsi Cola geschaffen wie Arab Cola (Frankreich), Qibla Cola (Großbritannien) oder Zam Zam Cola (Iran). Auch wenn damit der Coca Cola-Konzern nicht ernsthaft bedroht wurde, wurden doch die kleinen, politisch motivierten Hersteller unterstützt, und Coca Cola verlor durch Konkurrenzprodukte nicht nur die Umsätze, sondern möglicherweise auch zukünftige Expansionsmöglichkeiten.

Denn z.B. Zam Zam Cola ist im Mittleren Osten verbreitet.[8] Zudem hatte der Cola-Boykott auch aufgrund umfangreicher und aktiver Pressearbeit schnell die Medien erreicht.

Beispiel 3: Als die Postbank der konservativen Wochenzeitung „Junge Freiheit“ aus politischen Gründen das Konto kündigte, liefen Leser und Freunde des Blattes Sturm. Nicht nur die Zentrale wurde von Protestbriefen, Telefaxen und Mails überschwemmt, auch in den Filialen beschwerten sich Kunden, kündigten aus Protest ihr Konto oder schickten Werbebriefe zurück. Viele Medien befaßten sich mit dem Thema, und die Postbank sah sich zum Einlenken gezwungen. Andererseits unterstützen viele Leser das Blatt mit sogenannten Förderabonnements, die etwas teurer sind als die üblichen, kaufen Bücher konservativer Verlage über den angeschlossenen Buchdienst, oder verteilen Probeexemplare und Werbebroschüren im Bekanntenkreis. Zeitungsverkäufer, die das Blatt nicht oder nicht offen

8 R. Tomkins und H. J. Möhring: Marken im Visier. Financial Times Deutschland. P. Heumann und K. Korth: Zam Zam statt Coca Cola. Handelsblatt 18. 11. 2002.

anbieten, werden von Lesern angesprochen. Im Gegenzug setzen Linksextremisten Zeitungshändler teilweise massiv unter Druck, die das Blatt anbieten: „Die Beharrlichkeit der jungen Leute [der Linksextremisten] zahlte sich aus. Viele der angeschriebenen Kioske beugten sich dem Druck und stoppten den Verkauf der rechten Gazetten" schrieb der Berliner „Tagesspiegel" am 24. 8. 2000. Auf die Verurteilung eines Brandanschlages auf die Druckerei der Zeitung wartete man jedoch in vielen Medien vergeblich. Heute bekommt man die „Junge Freiheit" wieder an vielen Stellen. Die Käufer haben sich durchgesetzt. Die Redaktion ist hart geblieben.

Allen Beispielen ist gemeinsam, daß sie zwar zentral geplant sind, aber ihre Durchschlagskraft auf lokaler Ebene entfalten. Kurz gesagt: Der einzelne Kunde, der nicht mehr seine Tankstelle aufsucht, sondern seinem vertrauten Tankstellenpächter erklärt, warum er nicht mehr bei ihm kaufe, oder der einzelne Kunde, der in seiner Trafik immer nach derselben Zeitung fragt und sich beschwert, wenn es nicht angeboten wird, artikuliert sich bereits wirkungsvoll politisch. Hat ihn das viel Mühe oder Geld gekostet? Nein, nur ein wenig Rückgrat.

Wie kann wirtschaftlicher Druck verstärkt werden?
Boykott oder Bevorzugung von Waren sind dann sehr effektiv, wenn sie entlang der gesamten *Wertschöpfungskette* ansetzen oder empfindliche Punkte treffen. Die Wertschöpfungskette umfaßt alle Stationen im „Leben" eines Produktes oder einer Dienstleistung, auf denen Wert zugefügt wird, beispielsweise wird – vereinfacht gesagt – ein Buch von einem Autor verfaßt, von einem Verlag veröffentlicht und von einem Buchhändler verkauft. Nun kann man beispielsweise ein Buch kaufen (auch in größerem Umfang,

wenn man Ereignisse wie Geburtstage, Jubiläen oder Weihnachten nutzt), das ein politisch kritischer Autor geschrieben hat, das ein Verlag veröffentlicht und solche Werke vermehrt herausbringt, und dies kann man bei einem Buchhändler oder einer Versandbuchhandlung tun (gerade Zeitschriften verfügen oft über angeschlossene Versandbuchhandlungen), die sich auch in dieser Richtung positioniert haben. Damit läßt man alle etwas verdienen und unterstützt sie auf diese Weise. Umgekehrt könnte man dahingehend wirken, daß anstößige Waren aus dem Handel genommen werden und so mit dem Handel einen empfindlichen Punkt treffen, der auf Verlag und Autoren abstrahlt.
Häufig wird unterschätzt, welche Kaufkraft beispielsweise auch nur eine einzige Familie über eine längere Frist entwickelt. Der Supermarkt um die Ecke erlöst beispielsweise an einer vierköpfigen Familie jährlich rund 25.000 Euro. Wenn man größere Anschaffungen oder regelmäßige Käufe berücksichtigt, kann auch der Einzelne einen beträchtlichen Faktor darstellen. Man kann in einem ersten Schritt bestimmte Produkte meiden oder andere kaufen (beispielsweise konservative Zeitungen und Zeitschriften, Bücher von den angeschlossenen Buchdiensten, österreichischen Wein, lokale heimische Lebensmittel, deutsche Autos) und in einem zweiten Schritt dem Händler oder Unternehmen deutlich mitteilen, *warum* man bestimmte Dinge erwerbe oder nicht erwerbe. In einem dritten Schritt kann man dies auch anderen mitteilen oder sie sogar zum Mitmachen auffordern. Vertreter der Ökologiebewegung haben so unabgesprochen und nur durch ihre eigene Beharrlichkeit mit der Zeit fast eine komplette Parallelwirtschaft aufgebaut.
Ein paar Regeln:

- Für größere Boykotte sollte erstens der Boykott-Anlaß leicht verständlich sein (warum machen wir das?),

- zweitens sollten klare Ziele definiert werden (XY so lange nicht kaufen, bis der Hersteller sich entschlossen hat, nicht mehr ...),
- drittens darf für die Boykott-Teilnehmer das eigene Opfer nicht zu groß sein (also nicht „Nie wieder Fleisch essen“),
- und viertens muß das Boykottziel (also die Marke, das Unternehmen, das Land, die Partei etc.) bekannt sein.[9]

Die schwächste Stelle der meisten Unternehmen (jedenfalls der Anbieter von Marken, ob Produkt oder Dienstleistung) sind die Marken. Der Aufbau und die Pflege von Marken kosten enorme Summen und dauern lange. Oft reicht eine Generation nicht aus, um eine Marke wirklich im Bewußtsein einer Gesellschaft zu verankern. Für Marken gibt es meist umfangreiche Regelwerke, die festhalten, was den Marken zugeschrieben werden soll und was nicht, und wie die Marken wahrgenommen werden sollen und wie nicht. Diese Macht bezieht sich allerdings nur auf den Anbieter (und reicht allerdings bis in den in diesem Punkt oft nicht freien Handel hinein), nicht auf die Konsumenten. Marken eignen sich als Ansatzpunkt für Kritik aus zwei Gründen: Erstens sind sie extrem verletzlich, weil so viel Zeit und Geld notwendig war, um sie aufzubauen und zu erhalten. Zweitens geben sie einem Unternehmen ein Gesicht und damit einen sichtbaren und bekannten Kritikpunkt. „Die Marke als Achillesferse“ beschreibt deshalb ein Ratgeber für Unternehmen dieses Problem und nennt Beispiele wie den Kampf von Greenpeace gegen die Werbefigur des Coca Cola-Eisbären. So wollte Greenpeace gegen Kühlautomaten mit FCKW vorgehen und suchte sich

9 U. Steger: Corporate Diplomacy. Gesellschaftsbewußte Unternehmensführung. 2005.

als Ansatzpunkt die Olympischen Spiele von Sydney aus, wo Coca Cola Sponsor war und wo die verkauften Getränke aus solchen Kühlschränken kamen. Um den Zusammenhang von FCKW und Klimaveränderung zu zeigen, setzte Greenpeace die Eisbären aus der damaligen, bekannten Coca Cola-Werbung zwischen schmelzende Polkappen. Dazu erfanden die Umweltschützer den Slogan „Enjoy [...] Climate Change“ und griffen dazu einen Teil des ebenso bekannten Coca Cola-Slogans („Enjoy“, d.h. „Genieße“) auf. Coca Cola lenkte ein.[10] Natürlich werden Marken und anderes geistige Eigentum von Unternehmen oder Institutionen (auch Parteien, staatliche Institutionen, Nicht-Regierungsorganisationen etc. haben solche Symbole), also Logos, Schriftzüge oder Slogans, durch Gesetze geschützt und können nicht ohne weiteres verwendet werden. Aber man muß ja nicht das echte Symbol nehmen, sondern kann eine Anspielung darauf machen und sich zudem rechtlich beraten lassen.

Aus diesem Beispiel kann man noch etwas lernen: Es ist oft gar nicht notwendig, den Gegner direkt anzugreifen und sich auf sein Gebiet vorzuwagen (das wären die Kühlgerätehersteller gewesen). Man kann oft besser „über die Bande spielen“, d.h. jemanden mit Einfluß auf den Gegner angreifen und dazu ein geeignetes Gebiet nehmen, d.h. Ort und Zeit so wählen, wie es am besten für die eigenen Absichten ist (also die Olympischen Spiele wählen, die bereits als solche weltweit enormes Medien- und Publikumsinteresse hatten). Das funktioniert nicht nur weltweit, sondern auch innerhalb eines Bezirkes, innerhalb einer Stadt oder auch gegenüber einer lokalen Gruppe.

---

10 Ebda.

1.2 Indirekter wirtschaftlicher Druck

Indirekter wirtschaftlicher Druck entsteht da, wo sich der Einzelne oder die Gruppe direkt an ein Unternehmen wendet, d.h. an spezielle Abteilungen wie

- die Presse- und Öffentlichkeitsarbeit (Public Relations, PR),
- die Werbung (Marketing),
- die Aktionärsbetreuung (Investor Relations),
- die Unternehmensführung (d.h. einen bestimmten Vorstand, Aufsichtsrat oder Geschäftsführer),
- oder an den unmittelbaren Kundenkontakt (d.h. die Personen, die dem Kunden die Ware verkaufen oder die Dienstleistung erbringen).

Dazu ein Beispiel: Eine große deutsche Versicherung verwendete immer mehr englische Begriffe in ihrer Werbung. Erst als eine Reihe von Kunden direkt an den Vorstandsvorsitzenden schrieb und sich höflich, aber entschieden über dieses Englisch-Deutsch-Gemisch („Engleutsch“–„Denglisch“) beschwerte, begann man nachzudenken. Bereits bei der Formulierung eines Standard-Antwortschreibens im Unternehmen wurde klar, wie unbegründet dieses Sprachgemisch war, und man begann, es künftig zu vermeiden. Die Kritik löste also einen Denkprozeß im Unternehmen aus (warum machen wir das eigentlich wirklich?).

Für indirekten wirtschaftlichen Druck bieten auch Hauptversammlungen eine gute Möglichkeit. Organisationen wie die sogenannten „Kritischen Aktionäre“ nutzen die Mitspracherechte der Aktionäre auf den vorgeschriebenen Hauptversammlungen, um beispielsweise Anträge einzubringen oder kritische Fragen zu stellen. Im Fokus dieser Organisationen steht oft in erster Linie der Kampf gegen Rüstung, Abschiebung oder Kernkraft.

Ihnen gelang es beispielsweise, die Berichterstattung über die Lufthansa-Hauptversammlungen 2002 zu dominieren, obwohl die Aktionen gegen die rechtlich einwandfreien und notwendigen Abschiebungen abgelehnter Asylbewerber inhaltlich zweifelhaft und vor allem an die Falschen gerichtet waren.[11]

Erhältlich über die Eckartschriften; 50 Seiten mit ernsten und heiteren Vorschlägen

Zu einer Hauptversammlung haben nur Aktionäre Zutritt – allerdings reicht auch der Besitz einer einzigen Aktie aus. Die Aktivisten, die 2003 zur Hauptversammlung der Bayer AG gingen, sind damals aufgrund des Kurses für bereits rund zehn Euro Anteilseigner gewesen. Zunächst verteilten sie außerhalb des Grundstücks Flugblätter, dann meldeten sich einige von ihnen zu Wort und wurden wegen Regelwidrigkeiten hinausgeschafft – maximale Aufmerksamkeit war erreicht. Stimmrechte hatten sie natürlich nur im Rahmen ihrer Anteile. Selbst bei größerem Anteilsbesitz reicht das Stimmrecht weniger Aktivisten nicht aus, um bestimmend zu sein. So hatte Greenpeace keinen Erfolg als Shell-Aktionär, obwohl die Organisation Aktien im Wert von rund 125.000 Euro erworben hatte, um Vorschlagsrecht zu erhalten.[12]

Mischformen aus direktem und indirektem wirtschaftlichen Druck setzen Organisationen wie Transfair ein, die teurere Produkte (beispielsweise Kaffee) anbieten, um angeblich gerechte Preise für Arbeiter in der Dritten Welt zu erzielen und gleichzeitig intensiv

---

11 Proteste gegen Abschiebung von Asylbewerbern. Süddeutsche Zeitung 16. 6. 2002.

12 Greenpeace hat keinen Erfolg als Shell-Aktionär. Süddeutsche Zeitung 10. 5. 2000.

mit Unternehmen und Politik kommunizieren, um ihren Standpunkt zu verdeutlichen.[13] Tatsächlich – darüber täuscht ihre PR hinweg – kauft gerade einmal ein Prozent der Deutschen solchen Kaffee und dieser Anteil ist international noch vergleichsweise hoch.

Für wirtschaftlichen Druck gibt es – wie für andere Formen der öffentlichen Kritik – eine gute Liste, mit Bedingungen, die erfüllt sein müssen, damit es gefährlich für das betroffene Opfer wird. Diese Liste ist eigentlich für Unternehmen gedacht, die sich vor wirtschaftlichem Druck schützen wollen, aber das soll uns nicht daran hindern, sie anders zu nutzen:

1. Sind die Gegenargumente plausibel?
2. Spricht das Thema emotional an? Ist es leicht verständlich? Gibt es Bilder, die zu Herzen gehen und aufrütteln?
3. Wie mediengerecht ist das Thema?
4. Gibt es Verbindungslinien zu anderen Themen, mit denen Unternehmen und Branche gleichfalls konfrontiert sind?
5. Wie steht es um die Durchsetzungsstärke der Gegenseite?
6. Steht das Unternehmen allein da, oder gibt es Verbündete?
7. Wie weit ist die Auseinandersetzung eskaliert?
8. Gibt es eine Lösung für das Problem, und wie sieht es mit ihrer Realisierbarkeit aus?[14]

Schon wenn nur einige diese Rahmenbedingungen von Kritikern berücksichtigt werden, wird es für Unternehmen oder andere Organisationen ungemütlich.

Unternehmen wird empfohlen, mit Kritikern sorgsam umzugehen und dabei u. a. folgende Tips zu beachten, die man jedoch durchkreuzen kann:

---

13 M. A. Höfer: Die heimliche Macht. Capital 6/2001.

14 U. Steger: Corporate Diplomacy. Gesellschaftsbewußte Unternehmensführung. 2005.

- Klarheit gewinnen über die Motive für und die Interessen im Dialog mit Aktivisten und Interessensgruppen. [...]
- Ehrlichkeit kann verletzend sein. Der gewohnte Stil im Umgang mit Kunden und Aktionären wird sich oftmals sehr abheben von den aufgeregten Angriffen protestierender Aktivisten. [...]
- Marketing weglassen. Aktivisten argwöhnen zumeist, sie sollten als grünes Feigenblatt mißbraucht werden – wird auch nur der geringste Anlaß zu dem Verdacht gegeben, hier solle PR betrieben werden, ziehen sie sich auf der Stelle zurück. [...]
- Sorgfältige Auswahl der Teilnehmer. [...] hohes Ansehen in der jeweiligen „Szene" ist ebenso hilfreich wie Erfahrungen im Umgang mit Unternehmen. [...]
- Die Regeln des Dialoges sorgfältig aushandeln und dokumentieren. [...]
- Die Verhandlungsführung einem neutralen Moderator mit entsprechendem Hintergrund überlassen.
- Genug Zeit mitbringen.[15]

Man erkennt, wie das Unternehmen mit diesen Tips in die Lage versetzt werden soll, den Dialog und seine Rahmenbedingungen zu bestimmen und die Absichten des Gegenübers für sich zu nutzen. Schon das Stattfinden eines Dialoges ist in vielen Fällen ein Erfolg für das Unternehmen, weil damit meistens eine harte öffentlichkeitswirksame Konfrontation vermieden wird. Daraus folgen – je nach Verlauf der Auseinandersetzung – folgende Gegenvorschläge, um die Kontrolle über die Rahmenbedingungen nicht zu verlieren:

Die eigenen Ziele und Absichten sowie deren Hintergründe und Zustandekommen sollten nicht vollständig transparent gemacht werden.

Von der Tonalität her sollte man sowohl die Sprache des Gegenübers beherrschen, wie auch (gesellschaftlich

15 Ebda.

nicht geächtete) Formen der verbalen Eskalation, um Gespräche abbrechen zu können, ohne dafür verantwortlich gemacht werden zu können (man zwingt den Gegner zum Abbruch).

Das Moment der Überraschung sollte immer als Instrument bedacht werden (es kann z. B. ruhig weitere Protestbriefe geben, während verhandelt wird; das erhöht den Druck auf das Gegenüber und überrascht ihn).

Den Marketingvorwurf sollte man gegebenenfalls aufrechterhalten und Belege dafür suchen. Den Marketingvorwurf kann man als Grund für den eigenen Abbruch des Gesprächs nutzen.

Man sollte eine sorgfältige Auswahl der Teilnehmer vornehmen (angemessene Umgangsformen).

Die Regeln des Dialoges so offen wie möglich gestalten (Begründung: Man will sich auf Inhalte konzentrieren, nicht auf Regeln) und notfalls von anderen brechen lassen (entweder von Dritten, die man „leider nicht beeinflussen" kann oder vom Gegenüber, indem man ihn dazu durch Eskalation zwingt).

Ein Moderator hat auch Vorteile, wenn er entweder der eigenen Seite nahe steht oder erkennbar auf der Gegenseite ist. Im ersten Fall neigt er den eigenen Auffassungen zu, im zweiten Fall kann man ihn ablehnen und als Abbruchgrund nutzen, denn noch einmal: In vielen Konflikten ist der Konflikt wirkungsvoller als der Dialog.

Gespräche kann man gegebenenfalls endlos in die Länge ziehen durch Grundsatzfragen, Regelfragen, genaue Beschreibungen und zahlreiche Nachfragen. Damit wird der Gegner entweder ermüdet oder zum Abbruch oder zur Aufgabe gezwungen.

2. Schaffung von Publizität

Grundsätzlich gibt es die Möglichkeit, eigene Kommunikationsangebote zu schaffen (beispielsweise Flugblätter zu verteilen, eine Internetseite einzurichten oder ein Plakat aufzuhängen) oder in Massenmedien einzuwirken (beispielsweise durch Leserbriefe oder eigene Artikelvorschläge oder eine Pressemitteilung, die an Medien verschickt wird).

2.1 Eigene Informationsangebote

Zunächst zu den eigenen Informationsangeboten: Heute ist Kommunikation nicht mehr nur auf professionelle Medien beschränkt. Im Gegenteil: Individualkommunikation mit Medien wie Telefon, Telefax, E-Post und Internet ist angesichts der technischen Möglichkeiten sowohl leichter durchführbar wie auch von anderen leichter abrufbar. Schon in den 90er Jahren verwies die amerikanische Journalistin Gladys D. Ganley darauf, daß die Funktion, die motivierte Einzelpersonen und kleine Gruppen heute mit Hilfe der Individualkommunikation haben, in der Geschichte nichts Vergleichbares fänden.[16] Nicht nur im Iran oder in China werden deshalb auch Maßnahmen ergriffen, die das Verbreiten solcher Informationen verhindern sollen. Es müssen aber nicht immer elektronische Medien sein.

Bei regionalen Zielgruppen können Handzettel, Postwurfsendungen, Versammlungen und Plakate weitaus effektiver und leichter einsetzbar sein, selbst von Kleinstgruppen oder Einzelnen. Mit einem normalen Computer und den Möglichkeiten, die heute bereits die einfachen Textverarbeitungsprogramme bieten, kann man professionelle Broschüren, Flugblätter und Zeitungen herstellen – so viele Möglichkeiten bieten beispielsweise verschiedene Schriftarten und -größen oder das Einrichten von Spalten. In Fotokopiergeschäften (z. B. in der Nähe von Universitäten) kann man kostengünstig in hoher Qualität kopieren und durch eigene Verteilung kann man Kosten sparen.

---

16 G. D. Ganley: Power to the People via Personal Electric Media. The Washington Quarterly 2/1991.

Einladungen zu Veranstaltungen, Briefe oder eigene Zeitungen kann man an Zielgruppen versenden, deren Anschriften man sich selbst zusammengestellt hat. Selbst wenn man allein ist, aber besser noch mit mehreren, kommt man leicht auf 30 bis 50 Anschriften von an politischen Themen möglicherweise interessierten Personen. Man kann Adressen im Laufe der Zeit gezielt sammeln, beispielsweise mit Hilfe von Vereinsregistern, Bezieherlisten oder Namen und Anschriften aus Telefon- und Branchenbüchern. Man kann bei Verteilaktionen auch Broschüren oder Flugzettel ausgeben – mit einem Rükkschein, auf dem um Bekanntgabe von Anschriften interessierter Personen ersucht wird – auf denen Platz ist, seine Adresse anzugeben und sie zurückzusenden, oder sich bei Werbetouren durch die Nachbarschaft Adressen von interessierten Bürgern notieren. In kurzer Zeit kann man so seinen Adreßbestand vervielfachen.
Flugblätter kann man wie folgt verteilen:

Massenverteilung:

- Flugblätter auf öffentlichen Straßen und Plätzen Passanten in die Hand drücken
- in Hausbriefkästen einwerfen (in Wien und andernorts, wo man von der Straße aus keinen Zugang hat, schwer möglich, außerdem gehen Flugblätter möglicherweise in anderer Werbung unter, deshalb Tage mit vielen Werbezetteln meiden)
- unter die Scheibenwischer parkender Autos stekken (nur an niederschlagsregenfreien Tagen)
- in Telefonzellen auslegen
- in Zügen, Straßenbahnen oder Bussen auslegen (oder in allen anderen geeigneten Räumen wie Bibliotheken, Schulen ... – dabei sollte man individuelle Regelungen des Eigentümers beachten)

Beispiel: Handwerklich exzellentes Flugblatt gegen die Verurteilung des Südtiroler Politikers Dr. Peter

Paul Rainer: Klare Aussage, starke Symbolik, klare Handlungsaufforderung (Wien 1998)[17]

Vorderseite

Rückseite

Gezielte Verteilung:

- an Meinungsmultiplikatoren im Ort per Post senden oder in deren Hausbriefkästen einlegen (Politiker, Pfarrer, Lehrer, Journalisten, Ärzte, Rechtsanwälte – aufpassen: Namen und Adresse richtig schreiben und mit Vermerk „persönlich“)
- bei bestimmten Ereignissen an Besucher dieses Ereignisses verteilen (beispielsweise verteilten Mitglieder der Jugendverbände der Vertriebenen am Tag der Aufnahme der neuen osteuropäischen Mitgliedsstaaten in die EU Flugblätter im Umfeld des zentralen Festaktes in Düsseldorf)
- als Anhangdokument per E-Post versenden, am besten mit der Bitte um weitere Verbreitung (wenn man nicht will, daß das Dokument geändert werden kann, sollte man als Dateiformat pdf wählen)

17 Textauszüge: Im August 1997 hat für den Südtiroler Peter Paul Rainer […] die Kerkerhaft in Trient begonnen. Er wurde zu 22 1/2 Jahren verurteilt, weil er seinen langjährigen Freund Dr. Christian Waldner ermordet haben soll. Rainer beteuerte im Prozeß wiederholt seine Unschuld. […] Das Ermittlungs- und Gerichtsverfahren der italienischen Behörden war gekennzeichnet von einer einmaligen Vorgehensweise – der Angeklagte wurde unter Druck gesetzt, mögliche Zeugen wurden ignoriert, die Ermittlungen wurden einseitig geführt … Hat der Prozeß auch politische Motive? Rainer hat sich seit frühster Jugend für Südtirol […] eingesetzt.“

Im Herbst 1988 protestierten auf zahlreichen öffentlichen Plätzen Wiens Gruppen der ÖLM und des WKR gegen die Dorfzerstörung Ceaucescus in Siebenürgen. Auch der ORF war dabei.

Dazu ein Beispiel: Aus Protest gegen die politische Entscheidung der deutschen Bundesregierung, deutsche Soldaten ohne definierte nationale Interessen weltweit einzusetzen, entwarf ein Hamburger Reservist einen offenen Brief an maßgebliche Politiker und verschickte diesen und die dünne Antwort der Empfänger und die Forderung nach Definition solcher Interessen per Brief an viele sicherheitspolitisch Interessierte in seinem Umfeld. Er leitete seinen Brief auch kostengünstig in den Abendstunden per Telefax weiter und verschickte ihn per E-Post. Zusätzlich steckte er das Schreiben in seiner Siedlung als Flugblatt in die Briefkästen. Alles geschah mit der Aufforderung, die Information weiterzugeben. Schon nach zwei Wochen lang hatte er eine große Zahl von positiven Antworten. In einem zweiten Schritt legte er einen kopierten Zeitungsartikel aus Qualitätsmedien bei, der seiner Meinung nahe kam. Damit hatte er in seinem Wohnort mehrere Wochen das Thema und seine Ansicht publik gemacht. Mit Hilfe des Internet hätte er noch mehr erreichen können. Denn eine der größten Chancen des Internet liegt in der grenzenlosen Möglichkeit, Informationen zu gewinnen und zu verbreiten. Der Ort, an dem Informationen gesammelt, ausgewertet und publiziert werden, ist beliebig. Diese Informationen können weltweit abgerufen werden.

Publizität im Internet

Publizität im Internet – und damit potentiell weltweit und zu jeder Tageszeit – ist möglich durch Internet-Tagebücher, eigene Internetseiten oder E-Post-Verwendung.

Tagebücher im Internet (im Englischen sogenannte „Weblogs") etablieren sich zunehmend als alternative Informationsangebote. Es handelt sich dabei um „chronologisch geordnete Aufzeichnungen mit meist kommentierten Verweisen auf andere Websites", die durch „immer einfacher zu bedienende Mini-Redaktionssysteme" geschaffen werden können, wie die „Neue Zürcher Zeitung" schreibt.[18] Mit Hilfe kostenloser Software (beispielsweise deutschsprachig von den Firmen Freenet, twoday.net oder 20six.de) können Einzelpersonen oder Gruppen im Internet eine Art Tagebuch führen und bei historischen Ereignissen oder für bestimmte Zielgruppen zur wichtigen Informations- und Meinungsquelle werden. Im Irakkrieg führten sogar im Auftrag der britischen Zeitung „The Guardian" ein Journalist und ein Menschenrechtsaktivist Tagebücher über ihre Erlebnisse im Kriegsgebiet. In den USA nutzen sowohl Kriegsgegner (z. B. www.antiwar.com) wie auch -befürworter (z. B. www.andrewsullivan.com) die elektronischen Tagebücher, um Stimmung zu machen. Konservative Aktivisten wie Andrew Sullivan versuchen, mit ihren elektro-

18 Schimpfen, poltern, informieren. NZZ online www.nzz.ch/netzstoff/2003/2003.04.04-em-article8RR20.html

nischen Tagebüchern ein Gegengewicht gegen „die verzerrende Darstellung der etablierten Medien zu schaffen". Sullivan konnte im März 2003 rund zwei Millionen Besuche in seinem elektronischen Tagebuch aufweisen – eine beachtliche Resonanz, die allerdings nur erreichbar sein dürfte, wenn der Verfasser entweder bekannt ist oder aus einer bekannten Institution stammt oder sein Angebot auch außerhalb des Internet bekannt macht. Der Einfluß solcher Foren darf nicht unterschätzt werden, wie die Zeitschrift
„Die Wirtschaftswoche" feststellt. So wären Gewalttätigkeiten von islamischen Studenten gegen jüdische Studenten an einer Universität in San Francisco in den USA wohl ignoriert worden, wenn darüber nicht in den Netz-Tagebüchern berichtet worden wäre. Dadurch nahmen sich schließlich auch die „New York Times" und die „Washington Post" des Themas an und deckten auf, wie viele solcher Übergriffe es bereits gab.[19] Wichtig ist, daß die Netz-Tagebücher kostenlos oder kostengünstig einzurichten und zu betreiben sind und auch von Laien eingerichtet werden können. Natürlich betreiben inzwischen auch Regierungen und andere Gruppen verdeckt solche Informationsangebote. Wie viele der Netz-Tagebücher zum Irakkrieg, die angeblich von einfachen US-Soldaten betrieben wurden, vom US-Verteidigungsministerium angeleitet wurden, wird sich wohl nicht klären lassen. Ähnliches gilt für die irakische Regierung, die nach Meinung einiger Experten hinter dem bekannten Eintrag www.derraed.blogspot.com gestanden sei, in dem ein angeblicher irakischer Privatmann mit dem Pseudonym Salam Pax über US-Angriffe berichtete.[20]
Internet-Seiten werden heute – unabhängig von der Tagebuchform – ab 100 Euro im Jahr nicht nur von

19 B. Hendricks: Gegen die Ducker. Wirtschaftswoche 13. 3. 2003.
20 B. Prüfer: Jenseits von CNN. Financial Times Deutschland 26. 3. 2003.

Regierungen oder staatlichen Institutionen und Unternehmen, sondern auch von Vereinen, Einzelpersonen und sogar Terrororganisationen[21] betrieben. Beispiele: Einer der Höhepunkte der politischen Nutzung des Internet war die Bereitstellung des „Starr-Reports“ über die Verfehlungen des ehemaligen US-Präsidenten Clinton bei der Affäre mit der Praktikantin Lewinsky, wo weltweit Details dieser Beziehung den Ruf des amerikanischen Staatsoberhauptes beschädigten.[22]

Die CDU in der Bundesrepublik Deutschland ließ auf ihrer Internetseite Unterschriftenlisten gegen die doppelte Staatsbürgerschaft publizieren. Weil auch Einträge mit falschem Namen möglich waren, wurde die Aktion kritisiert.[23] Wären nur die Unterschriftenlisten als Formular oder Postkarte ausdruckbar publiziert worden, wäre diese Kritik nicht möglich gewesen. Eine ähnliche Aktion des World Wildlife Fund in Großbritannien wurde bezeichnenderweise nicht bemängelt. Linke Aktivisten der Anti-Globalisierungs-Bewegung übertrugen zuletzt ihre Demonstrationen mittels tragbarer Internet-Kamera (sogenannter „Webcam“) in Echtzeit im Internet. Ähnlich geht auch Greenpeace bei spektakulären Aktionen vor. Dabei ist das Ziel dieser Aktionen sogar, die Medien zu umgehen und Menschen im Internet ohne Umweg über den Fernseher teilnehmen zu lassen.[24]

Gelegentlich setzen Aktivisten auch Internetseiten nur dazu ein, andere Seiten zu stören oder Alternati ven anzubieten. So wurde aus Protest gegen den

21 A. Huffschmid: Mächtige Instrumente. Wirtschaftswoche 23. 3. 2000. Oft sind Terrororganisationen militärisch besiegt, sammeln aber im Internet weltweit Anhänger.

22 Am Pranger der Welt. Der Spiegel 39/1998.

23 Schindluder mit gutem Namen. Frankfurter Rundschau 21. 1. 1999.

24 S. Carrell: How to watch the world falling apart. The Independent 21. 8. 2000.

Spielzeughersteller Etoys (www.etoy.com), der eine gleichnamige sogenannte Künstlergruppe wegen ihres Namens verklagt hatte, die Seite www.eviltoy.com („evil" heißt schlecht, böse) eingerichtet. Andere Gegner überzogen die Firma mit Protest-Mails oder stellten eigene Gegenseiten ins Netz.[25] Dieses Vorgehen kann aber illegal sein.

Eine illegale und damit abzulehnende Technik ist das sogenannte „Hacken" von Seiten. Dabei zerstören oder verändern Computerspezialisten Internetseiten ihrer Gegner. Beispielsweise zerstörten Hacker die Seite der indonesischen Regierung, um gegen deren Besetzung von Osttimor zu protestieren, oder brachten Anti-Kriegs-Parolen auf der Seite der US-Armee an.

Mails können bei massenhafter Versendung entweder als Protest gegen einen Adressaten genutzt werden oder an eine Reihe von Adressaten wie ein Serienbrief Informationen verteilen. Der Betriebsrat eines Stuttgarter Unternehmens organisierte beispielsweise zusammen mit einer Gewerkschaft einen Massenprotest gegen den britischen Mutterkonzern der Firma, der das deutsche Unternehmen schließen wollte. Die rund 100.000 Mails legten den Großrechner der Briten für mehrere Stunden lahm.[26] Außer E-Post können heute auch SMS (Short Message Service), d.h. Textmitteilungen über das Mobiltelefon zur Kommunikation dienen, beispielsweise auf Internetseiten oder geplante Demonstrationen verweisen. Dieses Medium wird insbesondere von Jugendlichen immer stärker genutzt.[27] SMS können auch von kostenlosen Mail-Anbieterseiten wie beispielsweise www.web.de aus verschickt werden.

---

25 S. Krempl: Machtspiele im Internet. Tomorrow.

26 Wirtschaftswoche 12. 3. 2000.

27 M. Kroker: LiDuMiNo? Wirtschaftswoche 7. 6. 2001

Persönlicher Kontakt

Trotz aller gedruckten und technischen Informationsangebote, die man versenden kann, bleiben der persönliche Kontakt, das direkte Gespräch die wichtigsten Mittel, sich für seine Überzeugung einzusetzen. Während es an anderer Stelle darum gehen soll, das Auftreten auf Versammlungen und Demonstrationen zu erklären, geht es hier um persönliche Kontakte im Alltag. Man sollte dabei berücksichtigen:

- Vor allem zuhören können, aktives Zuhören durch Zwischenfragen, Mimik und Gestik dokumentieren.
- Kurze Sätze, klar strukturierte Gedanken – nicht langweilen, nicht überfordern.
- Menschen direkt ansprechen, ansehen (aber nicht fixieren) und miteinbeziehen (beispielsweise durch Fragen wie: „Sehen Sie das auch so?“)
- Einfache Worte finden und auch an das Gefühl appellieren.
- Gespräche, die in unsachliche Konfrontationen ausarten oder von aggressiven Störern gesucht werden, abbrechen.
- Diskussionen mit aggressiven Menschenmengen in Einzelgespräche zerlegen (mit Hilfe anderer Unterstützer) und auf die Sachebene ziehen.
- Korrekt kleiden, aber nicht durch zu große Eleganz oder unangemessene Kleidung Distanz schaffen.

Auch wenn man sich bei Vereinen für Sprechstunden zur Verfügung stellt, im Rahmen von politischen Aktionen Hausbesuche in der Nachbarschaft macht oder am Rande von Demonstrationen Kontakt sucht, steht das persönliche Gespräch im Mittelpunkt. Schriftliches Material sollte erst als zweiter Schritt folgen.

Bei Hausbesuchen beachten:

- Richtigen Zeitpunkt wählen (nicht mittags, abends, zu Weihnachten oder bei Weltmeisterschaften).

- Material mitbringen, mit dem sich der Besuchte nachher in Ruhe befassen kann und wo er Kontaktmöglichkeiten findet.
- Vorher eine Argumentationshilfe erstellen und lernen. Dabei klar strukturiert wenige Kernthesen und Belege lernen.
- Fragen und Wünsche aufschreiben und sich dann per Brief oder Telefon melden.
- Sich nach Adressen von weiteren Interessenten erkundigen, wenn der Besuch positiv verläuft.

Wie kommt man aber mit Personen in Kontakt, die möglicherweise ähnlich denken oder denken könnten, aber bislang unbekannt sind und mit denen man gemeinsame Aktionen durchführen könnte (beispielsweise Flugblattverteilung)? Man kann auf Veranstaltungen von Gleichgesinnten gehen. Wenn man nicht weiß, wo solche Veranstaltungen stattfinden, kann man örtliche Parteien fragen, in einschlägigen Zeitschriften nachsehen, Zentralen von Organisationen anrufen und nach örtlichen Adressen fragen (beispielsweise der ÖLM, des ÖTB, des Reservistenverbandes, der Vertriebenverbände etc.) oder im Internet suchen. Man kann auch überregionale Veranstaltungen besuchen und dort fragen, wer aus der Nähe stammt. Man kann auf überschaubaren Veranstaltungen beispielsweise Listen herumgeben, in die sich Interessenten eintragen können (mit Post- oder E-Mail-Anschrift) und dann eine erste gemeinsame Aktion machen, bei der nach getaner Arbeit zur Motivation auch etwas Geselligkeit stattfinden kann.
Wie sieht es mit Personen aus, die sich für die Zusendung von Informationsmaterial interessieren könnten? Man kann Adressen von Leserbriefschreibern herausfinden, bei denen aufgrund ihres Briefes anzunehmen ist, daß sie Interesse haben. Einfacher macht es das Sprichwort „Gleich und gleich gesellt sich

gern", denn man kann zu Organisationen gehen, die tendenziell attraktiver sind für diejenigen Leute, die einen interessieren, als für andere (vereinfacht gesagt: Beim Reservistenverband oder dem Volkstanzverein findet man eher Leute, die sich für die Erhaltung der deutschen Sprache interessieren als in einer roten Gewerkschaft) Schließlich gibt es im Internet unzählige Möglichkeiten (beispielsweise Chatrooms oder Portale mit geeigneten Themen). Dazu ein überraschendes Beispiel mit sehr sicherer Zielrichtung: Der Verfasser dieser Schrift bot beim Internetauktionshaus www.ebay.de für ein Buch über den Zweiten Weltkrieg, wurde jedoch überboten. Kurz nach dem Ende der Auktion erhielt er ein kurze, höfliche E-Post des Verkäufers: „Leider haben Sie das Buch nicht ersteigert. Interessiert Sie weitere ähnliche Literatur über den Zweiten Weltkrieg?" Auf eine positive Antwort erhielt er einen Tag später ein Literaturliste per E-

Die Macht des Zusammenschlusses: Am 18. Oktober 1817 treffen einander zur Feier des Jahrestages von Reformation und Leipziger Völkerschlacht 500 Burschenschafter auf der Eisenacher Wartburg und verbrennen Symbole der Unterdrückung

Post mit Büchern ähnlichen konservativen Inhalts mit dazugehörigen ISBN-Nummern, Verlagsangaben und Kontaktmöglichkeiten zu diesen Verlagen. Das Angebot war offenbar nur Mittel zum Zweck der Weitergabe von Literaturhinweisen gewesen.

Rechtliche Rahmenbedingungen

Grundsätzlich darf man Flugblätter verteilen, wenn der (Fußgänger-)Verkehr nicht gestört wird; Informationsstände im öffentlichen Raum sind bewilligungspflichtig, Druckwerke müssen ein Impressum haben, in denen Verleger und Hersteller (bei periodischen Medien auch Herausgeber) stehen. Plakatieren ist nur möglich, wenn es der Eigentümer erlaubt oder die Gemeinde öffentliche Flächen zur Verfügung stellt. Wilde Schmierereien sind verboten und wegen Eigentumsstörung abzulehnen – egal, ob man erwischt wird oder nicht (Greenpeace schreibt in einem Ratgeber für Aktivisten bezeichnenderweise zum Sprayen: „Bestraft kann nur der werden, der erwischt wird").
Das Sprayen (oder Aufmalen) von Parolen oder Symbolen auf Wände oder andere geeignete Flächen wurde für Untergrundbewegungen auch in früherer Zeit wie folgt beschrieben (diese Aussagen sind allerdings von bleibender Bedeutung): „Mauerparolen sind ein gutes Mittel, um die Masse der Bevölkerung wachzuhalten. Mauerparolen müssen möglichst einfach sein. Am besten eignen sich Schlagworte, Einzelbuchstaben oder symbolische Zeichen. [...] Mauerparolen in großer Zahl Nacht für Nacht angebracht, machen den Gegner nervös und heben das Selbstvertrauen der Bevölkerung. Sie dokumentieren die geheime Macht der Widerstandsbewegung."[28] Dazu ein Beispiel: Diese Tips nahmen sich die Gegner der Regierungskoalition von FPÖ und ÖVP 2001 zum Vorbild. Sie sprühten

28 H. v. Dach: Der totale Widerstand. 1984.

vor allem im ersten Wiener Bezirk „O5" an Hauswände und wollten sich damit auf den sogenannten Widerstand in Österreich 1945 beziehen, der dieses Symbol für Österreich benutzt hatte (O und der fünfte Buchstabe des Alphabets E für „Oesterreich"). Diese Überlegung war äußerst umsichtig: Erstens war das Aufsprühen dieses Symbols schnell getan und somit gefahrlos, zweitens setzte man damit die Regierung mit der von 1945 gleich, und drittens stilisierte man sich so zu Widerstandskämpfern oder gar zu einer Bewegung, auch wenn man in Wirklichkeit ohne größere persönliche Gefährdung oder auch nur Unbequemlichkeit klamm heimlich Sachbeschädigung beging.

Wie Aufmerksamkeit erreichen?

Für eigene Kommunikationsangebote gibt es die AIDA-Faustregel aus der Werbung: Man sollte damit Aufmerksamkeit erreichen (engl. **A**ttention), Interesse schaffen (**I**nterest), einen Wunsch wecken (**D**esire) und eine Handlungsweise hervorrufen (**A**ction). Kurz gesagt sollte man erreichen, daß das Kommunikationsangebot überhaupt zur Kenntnis genommen wird, daß klar wird, warum es den Adressaten betrifft, daß er dazu kommt, einen Willen zu entwickeln und weiß, wie er ihn umsetzen kann.

Für die Bedeutung eigener Kommunikationsangebote gibt es einige zeitgeschichtliche Beispiele, die alle in kleinem Rahmen begannen und große Auswirkungen hatten:

Beispiel 1: Im Iran wurden die Ideen Ayatollah Khomeinis während seiner Exilzeit in erster Linie mittels programmatischer Reden auf eingeschmuggelten Audiokassetten verbreitet. Für seine Anhänger, die zum großen Teil Analphabeten waren, konnte er dadurch aus dem Pariser Exil eine Führungsrolle übernehmen.

Beispiel 2: Bei der philippinischen Revolution Mitte der 80er Jahre wurden Videokassetten das entscheidende Kommunikationsmittel, das die Anhänger des ermordeten Benigno Aquino nutzten, um der Abschottungspolitik der Regierung Marcos entgegenzutreten.
Beispiel 3: Mittels Telefax gingen 1987 panamaische oppositionelle Gruppen aus dem Exil in den USA vor. Über Faxanschlüsse in panamaischen Büros strömten die Informationen der Opposition ein und wurden verbreitet. Die Büroangestellten kopierten die Faxseiten und verteilten sie so in ihrem Umfeld.
Beispiel 4: Auch die demokratische Bewegung in China nutzte 1989 das Telefax als Kommunikationsmittel zur Verbreitung politisch bedeutender Informationen. Im Ausland studierende Chinesen übermittelten wöchentlich hunderte Zeitungsartikel per Telefax. Sie wurden kopiert und von Oppositionellen in China als Wandzeitungen verbreitet.

Überraschende und einfallsreiche Werbeaktionen können auch in ihrer Aussage aggressiv sein und Aufmerksamkeit erreichen, wenn sie gleichzeitig ironisch und „pfiffig" sind. So ließ der Ring Freiheitlicher Jugend Tirol aus Protest gegen die schleichende Islamisierung Österreichs Postkarten drucken, die wie Ortstafeln aussahen. Darauf stand „Tülfsy – vormals Telfs" und klein darunter „NEIN zur Islamisierung. Ring Freiheitlicher Jugend Tirol". Auf dem Ortstafelschild war zudem ganz leicht ein islamischer Halbmond abgebildet. Die Ortstafelfrage wird insbesondere von slowenischen Kreisen in Österreich auf die Agenda gesetzt. Die Aktion des RFJ deutet nun an, wie die deutsche Bevölkerung Österreichs in Zukunft bei anhaltender Einwanderung und Islamisierung möglicherweise zur Kenntnis nehmen muß, daß die deutsche Inschrift auf dem Rückzug ist. Das Wortspiel des in „Tülfsy" verfälschten „Telfs" ist humorig genug, um die inhaltlich scharfe Aussage abzumildern, bei weiten Bevölkerungskreisen „verkehrsfähig" zu machen.

Regeln aus der Werbung

Es gibt einige Regeln aus der Werbung, die bei fast allen Kommunikationsmaßnahmen berücksichtigt werden sollten. Dazu gehört die Pflicht, sich auf den einfachsten Leser oder Zuhörer einzustellen, die Empfehlung, sich auf wenige Aussagen zu beschränken und diese in allen Kommunikationsmaßnahmen zu wiederholen, d.h. auf dem Flugblatt, im Leserbrief, auf dem Transparent und auf Plakaten. Am wirkungsvollsten appelliert man bei direkter Kommunikation an das Gefühl, nicht an den Verstand. Unternehmen mit professioneller Werbung vermittelten selbst in ihren Geschäftsberichten, einst langweilige Zahlenfriedhöfe für Experten, heute zusätzlich einen emotionalen Eindruck. Der Marketingprofessor Werner Kroeber-Riel formulierte diese Regeln 1992 so:

- Wenige und eingängige („primitive") Informationen! (Ein englischer Merksatz sagt: „Keep it simpel and stupid", kurz „KISS")
- Starke und zwanghaft wirkende Appelle an die Gefühle!
- Wiederholungen!
- Glaubwürdigkeit!

Wandzeitungen schon 1848 …

Für die Formulierung *jeder* Textart gibt es eine Reihe allgemeingültiger Regeln:

- Die Struktur des Textes und das Ziel, das mit dem Text erreicht werden soll sowie die Zielgruppe müssen klar formuliert sein (z.B. mit gedachten Überschriften für jeden Sinnabsatz).
- Der Anfang ist genau so entscheidend wie das Ende. Beginnen Sie aktiv.
- Der Leser muß im Mittelpunkt stehen, nicht irgendein anonymer Vorgang, d.h. machen Sie ihm klar, auf welche Weise und wie sehr ihn Ihr Anliegen betrifft.
- Formulieren Sie kurze, knappe und präzise Sätze.
- Schreiben Sie anschaulich. Was genau wollen Sie sagen?
- Gliedern und ordnen Sie Zahlen übersichtlich. Warum nicht eine kleine Tabelle einsetzen.

- Nutzen Sie mehr Verben als Substantive, und vermeiden Sie vor allem die im Deutschen leicht bildbaren Substantivierungen aus zwei, drei und mehr Wörtern.
- Formulieren Sie aktiv, d.h. vermeiden Sie Passivformen.
- Aktivieren Sie im Schlußsatz den Empfänger.

2.2 Eingang in Medienberichterstattung

In Medien kann man Eingang finden über Leserbriefe, über Pressemitteilungen, über eigene Artikel, die man dem Medium anbietet, indem man ein eigenes Pressegespräch oder eine medienwirksame Aktion veranstaltet und dazu Journalisten einlädt oder sich im Internet an Gästebüchern oder Foren beteiligt.
Leserbriefe sollten sich auf einen vorangegangenen Artikel oder eine Sendung desselben Mediums beziehen. Ausnahmsweise kann man auch Briefe an Journalisten senden, um ihnen eigene Informationen zu einem Thema mitzuteilen, mit dem sich der Journalist beschäftigt. Dann muß man zuvor seinen Namen feststellen (z.B. durch das Impressum des Mediums).
Leserbriefe sollten:

- kurz und prägnant formuliert sein (sie werden sonst unweigerlich gekürzt),
- mit Namen, Unterschrift und Adresse versehen sein,
- mit einem Hinweis überschrieben sein, auf welchen Beitrag sie sich beziehen,
- schnell nach dem Erscheinen des Artikels versendet werden.

Es kann sehr hilfreich sein, Freunde und Mitstreiter zu bitten, sich in derselben Sache an das Medium zu wenden. Eine ganze Reihe von Briefen zum selben Sachverhalt verstärkt die Wirkung. Es sollten jedoch keine identischen Briefe sein, deshalb vermeidet man, den Inhalt im Einzelnen aufeinander abzustimmen.

Eingang in die Medien finden Themen und Ereignisse, die bestimmte Kennzeichen aufweisen. Die Kommunikationswissenschaft befaßt sich mit der Analyse solcher Kennzeichen seit den 20er Jahren unter der Bezeichnung Nachrichtenwertforschung. Es bietet sich deshalb an, entweder Ereignisse bewußt mit solchen Kennzeichen auszustatten oder zumindest solche Kennzeichen herauszustellen beim Versuch, auf Medieninteresse zu stoßen. Diese Kennzeichen sind:

Ungewöhnlichkeit und Überraschung (z.B. ungewöhnliche Zeugen suchen, wie: Moslems kritisieren den Bau einer Moschee von Extremisten)

Sensationalismus (Themen wie Konflikt, Kriminalität, Schaden und Erfolg – beispielsweise lokaler Widerspruch durch betroffene Bürger gegen die Verwaltungsentscheidung, eine Moschee mit großem Minarett in einem kleinen Ort zu errichten)

Bezug zu bereits eingeführten Themen (beispielsweise Protest gegen islamistische Gruppierungen am Ort im Rahmen der Berichterstattung zu islamischem Terrorismus)

zeitliche Dauer (beispielsweise einem überregionalen Protest, über den lange berichtet wurde, schließen sich auch regionale Gruppen an)

Beteiligung einflußreicher oder bekannter Personen oder Institutionen (beispielsweise Gewinnung eines ortsansässigen Unternehmens als Sponsor für eine Bürgerinitiative)

Personalisierung von Ereignissen und Themen (beispielsweise Forderung nach Abschiebung eines bestimmten bekannten Islamistenführers in sein Heimatland)

räumliche, politische und kulturelle Nähe des Ereignisses zum Berichterstattungsort und Relevanz für diesen Ort (beispielsweise lokaler Protest gegen den US-Kriegskurs gegen den Irak angesichts lokaler amerikanischer Truppentransporte oder -stationierungen)

Je mehr ein Ereignis diese Kriterien erfüllt, und je mehr Kriterien gemeinsam zutreffen, desto größer ist sein Nachrichtenwert und seine Chance, darüber berichtet zu werden. Natürlich muß es bei allen Presseaktivitäten einen kompetenten Ansprechpartner geben. Tips für das Verhalten gegenüber den Medien bietet beispielsweise das Buch „Public Relations" von Dieter Herbst (14,90 Euro). Eine gute Zusammenstellung bietet auch der bundesdeutsche Industrie- und Handelstag mit seinem Buch „Umgang mit Medien, Presse, Öffentlichkeit."[29] oder die Broschüre „Öffentlichkeitsarbeit. Anstoß. Handbuch für die Arbeit vor Ort" von der bundesdeutschen SPD.
Generell gilt:

- Das Wichtigste in Pressemitteilungen an den Anfang stellen: Es müssen die Fragen „Wer macht was, wo, wann, wie und warum?" beantwortet werden.
- Klar strukturierte Sachverhalte beschreiben
- Wenn möglich Zitate einbauen
- So wenig indirekte Rede und Konjunktiv wie möglich
- Personen mit Vor- und Nachnamen benennen
- Einfache Sätze mit wenigen Nebensätzen
- Keine Fremdwörter oder Abkürzungen
- Immer mit Computer (wenigstens Schreibmaschine) verfassen
- Einen Rand von rund einem Drittel lassen, eineinhalbzeilig schreiben und nur eine Seite bedrucken (Journalisten brauchen Platz zum Redigieren)
- Versand am besten per Telefax oder E-Post

---

29 Für 10 Euro bestellbar über www.diht.de oder Deutscher Industrie- und Handelstag, Breite Straße 29, 10178 Berlin, Tel. 030-203 080.

- Absender und Ansprechpartner für Fragen deutlich erkennbar angeben (und auch für Fragen erreichbar sein)

Es ist durchaus möglich, daß man im Rahmen eigener politischer Tätigkeiten oder als Reaktion auf Pressemitteilungen mit dem Wunsch konfrontiert wird, ein Interview im Fernsehen oder ein „Statement" (d.h. eine kurze eigene Darstellung) vor der Kamera abzugeben. In diesen Fällen ist es notwendig, einige Grundregeln zu berücksichtigen, die im Umgang mit der Kamera gelten:
Vorbereitung: Für die Vorbereitung benötigt man Zeit. Man muß zunächst herausfinden, für welches Medium bzw. welche Zuschauer man spricht (demoskopische Daten, d.h. Zielgruppe der Sendung, politische Einstellung des Journalisten und Art der Sendung herausfinden). Dies kann beispielsweise durch einen Anruf beim Sender und Betrachten einer anderen Sendung der Reihe geschehen. Dann müssen Kommunikationsziele definiert werden (was will ich sagen, d.h., welches Anliegen will ich vermitteln?) und Kernbotschaften (wie will ich es sagen, d.h., welche kurzen, einprägsamen Botschaften kann ich bilden, um das Gewünschte zu sagen?). Dann müssen Gegenpositionen (Kritik) und Fragen überlegt sowie Antworten formuliert und eingeübt werden (beispielsweise durch Simulation eines Interviews mit Freunden oder Bekannten, die die Rolle des Journalisten/Moderators einnehmen).
Bekleidung: Am besten bei Herren Anzug und Krawatte bzw. ähnlich formelle Kleidungsstücke bei Damen (z.B. Kostüm), allerdings keine kleinen Muster, keine schwarzen oder weißen Bekleidungsstücke (ergibt schlechte Kamerabilder, z.B. lieber hellblaues Herrenhemd als weißes). Brille wenn möglich weglassen.

Sprache: Langsam und deutlich sprechen, nicht dem Sprechtempo des Journalisten anpassen (Zeichen von Schwäche), nicht aus der Ruhe bringen lassen, am besten vorher tief einatmen. Auf Endungen und Betonungen achten (nicht monoton). Eine tiefere Stimme wirkt vertrauenerweckend, deshalb – insbesondere als Frau – bei hoher schrill wirkender Stimme die Stimmhöhe leicht senken. Kunstpausen gezielt einsetzen.
Drehort: Wenn möglich Hintergrund, der rund 40 Prozent der Bildinformation ausmacht, selbst festlegen (beispielsweise vor eigenem Logo oder symbolischen Ort wie Parlament, Rathaus). Der Drehort soll die Kommunikationsziele unterstützen. Um optimalen Ton zu erzielen, sollte man eine Sprechprobe vereinbaren. Weiters wichtig: Die optimale Kameraperspektive ist die Aufnahme leicht von unten. Und: Nicht von Scheinwerfern blenden lassen. Man wirkt sonst gehemmt und unsicher. Eine direkte Anstrahlung ist schlicht nicht notwendig. Ein Hinweis an den Journalisten, mit dem man spricht, sollte reichen.
Gestik, *Mimik*: Fest und aufrecht stehen, Hände nicht in die Taschen stecken und nicht unter der Gürtellinie gestikulieren (bei Unsicherheit bzw. Menschen ohne ausgeprägte Gestik gegebenenfalls einen passenden Gegenstand in die Hand nehmen, z.B. repräsentativer Stift). Wenn im Sitzen gefilmt wird (die Aufnahme eines Stehenden ist wegen der einfacher einzunehmenden straffen Haltung zu bevorzugen) auf aufrechten Sitz durch geeigneten Stuhl achten. Immer Sympathie mit einem Lächeln erzielen (es sei denn, der Anlaß verbietet dies). Der Blick sollte fest sein und niemals nach unten schweifen (wirkt schwach, schuldbewußt). Bei Aufnahmen ohne *sichtbaren* Journalisten/Moderator direkt in die Kamera blicken, bei Aufnahmen mit Journalisten/Moderator als Gesprächspartner diesem in die Augen blicken. Immer – auch als Mann – Kosmetik einsetzen (zumindest

Puder im Gesicht gegen Schweiß, wie er durch Aufregung oder wegen der heißen Scheinwerfer entsteht).

Inhalt: Nicht mehr als zwei Zahlen in Relation zueinander bringen, besser sind menschliche einfach verständliche Beispiele. Vorher drei bis maximal fünf Kernbotschaften erarbeiten, die leicht verständlich sind und *in jedem Fall* gebracht werden müssen. Heftige Vorwürfe deutlich zurückweisen, jedoch niemals aus der Ruhe bringen lassen und negative Aussagen/Begriffe nicht wiederholen (Beispiel: Frage „Ist Ihre Initiative nicht *altmodisch*?“, Antwort „Nein, unsere Bürgerinitiative ist *modern*, weil sie ein wichtiges Anliegen der Menschen heute vertritt, nämlich ...“). Wenn der Journalist die Redezeit begrenzen will, kann man ihn aushebeln, indem man eine Gliederung vorausschickt (z.B. „Lassen Sie mich dazu drei Themen nennen, die für den Zuschauer wichtig sind. Erstens ...“). Diese Gliederung zwingt den Journalisten, einen auch alle angekündigten Punkte nennen zu lassen.
Ausweichtaktiken: In vielen Fällen genügt es, Zeit zu gewinnen. Dies kann man z.B. mit Lob für die Frage erreichen, mit dem Wiederholen des Namens des Journalisten und mit dem „Abspulen“ von Antworten, die überhaupt nicht gefragt sind. Dazu nutzt man Überleitungen wie „Diese Frage läßt sich nur beantworten, wenn klar ist, daß ...“ oder „Im Interesse der Zuschauer muß ich erst erklären, wie/verdeutlichen, daß ...“ oder „Bevor ich auf diese Frage eingehe, muß ich klarstellen, daß ...“.

Grundsätzlich muß man berücksichtigen, daß man nicht den Journalisten überzeugen will, sondern die Zuschauer. Der Fernsehjournalist ist nur ein Vermittler. Wenn man sich vor Augen hält, daß man zu einem großen Teil bestimmen kann, worüber gesprochen wird, verliert die Kamera auch für Interview-Anfänger schnell an Schrecken. Man bestimmt dies, indem man sich *vor* dem Interview klar und definitiv über das Thema und die Fragen einigt (Wie lauten die Fragen?). Dann kann man sich vorbereiten und sowohl Antworten wie auch – unabhängig von den Fragen – eigene, leicht verständliche Kernbotschaften formuliert. Egal, wie die Fragen lauten, bringt man dann im Gespräch seine Botschaften vor Beantwortung der jeweiligen Frage Stück für Stück unter (Profis nennen das einen „Freiflug" vor der Kamera). Beispiel: Frage „Warum demonstrieren Sie vor dem Parlament?", Antwort „Unser Anliegen ist … Wir demonstrieren heute vor der Parlament, um den Abgeordneten zu zeigen, daß wir …". Wenn im Gespräch eine Pause, eine Leere entsteht, kann es sein, daß der Journalist diese bewußt geplant hat, weil er hofft, daß der Befragte mehr sagt, als er sagen will. Darauf reagiert man mit der Frage „Hat das Ihre Frage beantwortet?", und schon ist der Journalist wieder am Zug. Sagt er daraufhin nein, wiederholt man einfach die Antwort, die man bereits gegeben hat. Das Interview wird dann ohnehin geschnitten, so daß es keine

Massenmedium Fernsehen: Vorsicht ja, Angst nein

Wiederholung gibt, die der Zuschauer nicht sehen will, aber man hat die Falle bewußt umschifft und demonstriert, daß man wisse, was man sagen wolle.
Wenn man wissen will, wie genau sich investigative [aufdeckende] Journalisten auf Gespräche vorbereiten und einem ein hartes Interview bevorsteht, sollte man das leicht verständliche Büchlein „Interviews in der Recherche“[30] lesen. Man darf und braucht aber dennoch keine Befürchtung vor dem Starjournalisten aus dem Fernsehen zu haben. Mann gegen Mann ist auch der Starjournalist nicht überlegen. Wichtig ist: Wenn sich Journalisten nicht an die abgesprochenen Fragen halten, ist es sinnvoll, klar und deutlich und vor allem ruhig zu sagen: „Ich unterbreche die Aufnahme hier“. Läßt sich keine Einigung erzielen, bricht man das Interview ab und widerruft die Zustimmung zur Ausstrahlung. Es ist nicht sinnvoll, jede Frage zuzulassen, auch deshalb muß eine Abstimmung erfolgen. Wenn Fragen nur dazu dienen, ewig wiedergekaute Vorurteile zu wiederholen, sollte man die Antwort schlicht und einfach (und vor allem ohne große Grundsatzdiskussion) verweigern. Wenn sich studentische Korporationen z.B. völlig irreführend mit dem unsinnigen Vorwurf des Rechtsradikalismus konfrontieren lassen, einem beliebten Kampfbegriff ihrer linksextremen Gegner, genügt es, diese Frage mit dem Hinweis auszuklammern, daß dadurch unzutreffende Vorurteile bedient würden, mit denen man sich nicht identifizierte. Das ist dann die „Spielregel“ des Interviews, ohne deren Einhaltung es keine Aufnahmen gibt. Und schließlich: Selbstbewußte Unternehmen, die gute Produkte und Marken haben, verweigern auch Interviews, die in eine Richtung gehen könnten, die ihnen nicht nützt. Das sollte auch der Privatmann tun. Es ist gar nicht so schön, in den Medien zu sein. Viele Menschen würden aber dafür aus Eitelkeit eine

30 A. Baumert: Interviews in der Recherche. 2004.

Menge tun. Verzichten Sie, wenn es Ihrem Anliegen nicht nützt.
Noch einmal das Wichtigste: Sie allein bestimmen, was Sie sagen, nicht der Journalist mit seinen Fragen.

Das Dossier
Journalisten lieben Dossiers, und viele andere Menschen stöbern darin herum. Dossiers sind Sammlungen von Fakten und Hintergrundinformationen in einer kleinen Akte oder auf CD. Dossiers sollen nicht wie Pressemittelungen das Wesentliche prägnant zusammenfassen, sondern sie sollen ausführliche Informationen, angereichert durch Bilder, Zitate, Interviews etc. enthalten (im Extremfall auch Ton- und Filmdokumente). Dossiers sollen aufgehoben werden (sie nehmen dem Journalisten Rechercheaufwand ab). Für andere Leserkreise als Journalisten und Multiplikatoren[31] kann man Dossiers ebenfalls einsetzen, z.B. in Form kopierter und zusammengehefteter Zeitungsartikel, zu denen man ein paar weitere Daten hinzufügt und sie mit einem Umschlag versieht. Natürlich ist hier nur der gezielte Einsatz ökonomisch sinnvoll. Und wie kommt man an die Inhalte? Man kann z.B. ein eigenes kleines Archiv mit Zeitungsartikeln sammeln (Medium und Datum immer auf dem Artikel notieren) oder selbst Fotos machen. Man kann weiter im Internet schauen und Fachbücher kaufen oder in Bibliotheken ausleihen (und z.B. Zitate und Zahlen – immer mit Quellenangabe wie Verfasser, Buchtitel und Veröffentlichungsjahr – herausschreiben).

---

31 Multiplikatoren können alle sein, die aufgrund ihres Berufes oder andere Eigenschaften viele andere Menschen weiter informieren und beeinflussen können, also sowohl Schullehrer, Hochschullehrer, Pfarrer, Vereinsvorstände, Jugendtrainer, Journalisten wie auch Leute mit großem Bekanntenkreis oder solche, die in ihrem Umfeld als „Experten“ oder „Meinungsführer“ gelten.

Rechtliche Grenzen der Berichterstattung

Tendenziöse Berichte sind nachträglich kaum mehr zu korrigieren, sofern keine *nachweislichen* Fehler vorhanden sind, und sich die Beschreibung auf *persönliche* Eindrücke des Berichterstatters stützt. Vielfach können aber vorbereitende Maßnahmen die Ausgangsposition für einen Bericht optimal gestalten. Auf jeden Fall sollten *alle* Personen, die in eine Interview-Situation kommen können, vorher dafür *sensibilisiert* werden, nicht nur der Pressesprecher.

Über Foto- und Filmaufnahmen sollte bereits im Vorfeld mit den Medienvertretern Einvernehmen erzielt werden. Auch sollte man bei komplexen Themen die Fragen von den Journalisten *vorab* bekommen und nach Möglichkeit das Interview nachträglich autorisieren lassen – das wird ein Medium allerdings nur bei wichtigeren Themen zulassen. Natürlich kann man dann bei einem autorisierten Interview nachträglich nicht behaupten, man habe etwas gar nicht so gesagt. Dafür hat das Medium ja den Beleg.

Wenn Interviews mit Mitgliedern von Vereinen, Parteien etc. geführt werden sollen, ist eine genaue *Auswahl* der Personen auch deshalb sinnvoll, damit der Befragte mit dem Zusammenhang vertraut ist und Gelegenheit hat, seine eigene Tätigkeiten zu wiederzugeben, um sie Außenstehenden vor laufender Kamera erläutern zu können. Es ist keine Schande, wenn der Betreffende sich nicht nur auszudrücken weiß und informiert ist, sondern auch einen einigermaßen interviewtauglichen Eindruck macht. Es ist niemandem damit gedient, eine schüchterne, unglückliche Person vor die Presse zu zwingen.

Das Presserecht ermöglicht in einigen Fällen *nachträglich* eine *Gegendarstellung*, d.h. eine Entgegnung aus der Sicht des Betroffenen, die eine *wesentliche* Ergänzung oder Korrektur darstellt. Die Gegendarstellung zeichnet sich durch eine besondere Formstrenge

aus, dafür gibt es nur wenige inhaltliche Gründe einer Ablehnung. Zunächst müssen Personen oder Organisationen, die erwähnt werden, auch objektiv betroffen sein, d.h. sie müssen durch die Erstdarstellung in ihren persönlichen, dienstlichen oder geschäftlichen Interessen unmittelbar berührt werden. Die Gegendarstellung muß zwar unverzüglich und an vergleichbarer Stelle in vergleichbarer Schrift abgedruckt oder auch gesendet werden, dabei sind aber auch unterschiedliche Fristen bei der Einsendung einzuhalten. Es besteht nur das Recht zur Gegendarstellung bei Tatsachenbehauptungen, die verifiziert oder falsifiziert werden können.
Das *Recht am eigenen Bild* verbietet die ungerechtfertigte Zurschaustellung oder Verbreitung eines Bildes, *nicht* die bloße Aufnahme. Dieses Verbot schließt Personen der Zeitgeschichte, Aufnahmen bei Versammlungen und Aufzügen, sowie Bilder, deren Zurschaustellung dem höheren Interesse der Kunst dient, aus.
Es besteht immer die Möglichkeit, mit *Leserbriefen* Berichte richtig zu stellen. Auch eigene Medien (z.B. Mitgliederzeitungen) bieten sich dafür an, umstrittene Sachverhalte aus der eigenen Sicht darzustellen. Eine Einladung von Journalisten zu einem Gespräch und zum Kennenlernen kann ebenfalls eine bessere *Vertrauensbasis* und Verständnis für *gegenseitige* Anliegen schaffen. Wenn Berichte aber beweisbar unwahr sind, sollte nicht gezögert werden, Medien rechtlich zur Verantwortung zu ziehen.

Bilder – mehr als Illustrationen

Bilder können nicht nur zusammen mit Pressemitteilungen oder in eigenen Zeitschriften oder im Internet veröffentlicht werden. Sie können auch zur Dokumentation von Übergriffen oder Absichten politischer Gegner oder zur Visualisierung eigener Ziele dienen. Bilder sollten deshalb einige Qualitätsanforderungen erfüllen:

- Lieber Geschehen festhalten als statische Motive.
- Menschen sollten immer im Mittelpunkt stehen (es sei denn, materielle Dinge sollen dokumentiert werden).
- Politische Repräsentanten und Gäste (z.B. Redner) sollten mit einem Porträtfoto abgebildet werden können.
- So banal es klingt: Verwackelte, unscharfe Bilder, auf denen Menschen abgeschnittene Köpfe haben, wirken nicht.
- Am besten auf der Rückseite des Bildes (wenn die Bilder nicht elektronisch gespeichert und übermittelt werden) einen kleinen Zettel mit Datum und Angaben zum Motiv aufkleben.
- Digitalkameras ermöglichen, Bilder schnell in das Internet zu bringen, ihre Qualität für den Druck ist aber oft schlechter.

Hans Kudlich – der Bauenbefreier Er stellte 1848 den Antrag zur Aufhebung des bäuerlichen Untertänigkeitsverhältnisses. Zwei Mal wurde er für seinen Einsatz zum Tode verurteilt.

Wenn es keine eigentlichen Bilder gibt (beispielsweise von einem Mißstand, gegen den man sich wehrt), muß man welche schaffen: Auch der Protest selbst gibt ein gutes Bild her (Demonstranten mit Plakaten) – das beweisen

Gruppen wie die Globalisierungsgegner oder Greenpeace seit Jahren erfolgreich. So beschreibt eine Untersuchung des Konfliktes Greenpeace gegen Shell: „Greenpeace zog auf der Brent Spar alle dramaturgischen Register. Wagemutige Kletterpartien, spektakuläre Hubschrauberflüge, angekettete Aktivisten liefern Bilder vom Kampf des ‚Guten' (Greenpeace) gegen die ‚Bösen' (Shell), die auch provoziert wurden."[32] Was können wir aus diesem Beispiel lernen? Für Anliegen im größeren Rahmen mit dem Ziel der Öffentlichkeitswirksamkeit muß man Bilder schaffen, egal wie. Notfalls müssen Zusammenhänge konstruiert, Konflikte provoziert oder Vergleiche genutzt werden. Und diese Bilder müssen emotional eingänglich und leicht verständlich sein.

3. Teilnahme an der Politik

Teilnahmemöglichkeiten an der Politik reichen vom Erscheinen auf politischen Veranstaltungen, über das Mitwirken in politischen Gruppierungen bis zur Gründung politischer Organisationen.

3.1 Erscheinen auf politischen Veranstaltungen

Das Erscheinen auf politischen Veranstaltungen kann damit beginnen, öffentliche politische Veranstaltungen zu besuchen und zuzuhören und hier und da unbequeme Fragen zu stellen. Wenn diese inhaltlich und formal korrekt vorgetragen sind und keine Störung darstellen, ist das nicht nur legitim, sondern in einer offenen Gesellschaft auch wichtig. Natürlich kann man dazu auch Bekannte mitbringen, die politisches Interesse haben und vielleicht auch Fragen stellen wollen. Das Mitwirken in politischen Gruppierungen kann bedeuten, entweder dort mitzuhelfen, wo man die eigene Meinung verwirklicht sieht, oder bei anderen Organisationen dazu beizutragen, daß sie der ei-

32 C. Brand: Die Affäre Brent Spar. 1996.

genen Meinung offen stehen. Auch das ist demokratisch legitim und kann über die Übernahme von Ämtern mit Leitungsfunktion oder Außenwirksamkeit (z.B. Pressesprecher) erfolgen.

3.2 Mitwirken in politischen Gruppierungen

Generell gibt es zwei Möglichkeiten: Man kann sich entweder in Organisationen engagieren, deren Ziele man teilt, oder man kann sich in solchen engagieren,

Politische Beteiligung als erste Bürgerpflicht: Von 1848 ...

die dahingehend beeinflußt werden können. Es ist nicht sinnvoll, sich dort langfristig zu engagieren, wo sich Gegner der eigenen Ziele sammeln – wohl kann es aber interessant sein, sich beim politischen Gegner unauffällig umzuhören. So ist es nicht verboten, eine Veranstaltung des politischen Gegners zu besuchen und sich zu merken, wie dort argumentiert wird oder welche Aktionen geplant sind. Auch kann es interessant sein, politischen Gegnern sozusagen „die Schau zu stehlen". Ein junger Mann besuchte z.B. während des Irakkrieges 2003 Veranstaltungen der Friedensaktivisten in seinem Ort und stellte die Frage, was Frieden im Irak mit dem „Kampf gegen Rechts, gegen das Kapital und für internationale Solidarität zu tun hätten". Damit konnte er in zwei Fällen die Instrumentalisierung der Friedenseuphorie zu politisch links anzusiedelnden Zwecken verhindern, denn damit wollte

... bis zum Volksaufstand in der DDR am 17. Juni 1953.

die Mehrzahl der Teilnehmer nichts zu tun haben. Diese wollten schlicht unabhängig bleiben.

In einem anderen Beispiel besuchte eine junge Frau eine Vortragsveranstaltung zum Thema Vertreibung 1945. Dort brachte sie mit zwei ruhig vorgetragenen Fragen die dort auftretenden und sehr einseitig referierenden Historiker völlig aus dem Konzept. Diese Leute waren bereits darüber fassungslos, daß ihnen überhaupt jemand eine Frage stellte. Nach einem langen Monolog über die Schuld der Deutschen an ihrer eigenen Vertreibung aus den Ostgebieten und den euphemistischen Bezeichnungen „Flucht“ und „Umsiedlung“ fragte die Frau, ob denn die Millionen bei den Vertreibungen getöteten Deutschen, auch die Frauen und Kinder, wirklich selbst schuld an ihrem Tod seien und mit welchem Recht hinaus man hier letztendlich Mord oder zumindest doch Totschlag legitimieren wolle. Dieser Hinweis – denn eigentlich waren es Feststellungen und keine Fragen gewesen – prägte die weitere Veranstaltung, egal, was die Historiker noch dazu sagten. Nach der Veranstaltung kamen mehrere andere Teilnehmer zu der Frau, gratulierten ihr und erklärten, die gleiche Meinung gehabt zu haben. Die Frau sagte ganz zu recht, daß diese Leute doch dann auch besser etwas Ähnliches gesagt hätten. Dieses Beispiel zeigt nicht nur, wie man den Gegner mit etwas Mut in die Schranken weist, sondern auch das Phänomen der schweigenden Mehrheit. Doch seien wir uns bewußt: Diese schweigende Mehrheit steht einem gerade bei vielen kritischen Themen in vielen Fällen näher, als wir denken.

Organisationen, die die eigenen Ziele vertreten, können u.a. sein (es ist jeweils die Bundesadresse angegeben, dort regionale Präsenz erfragen, Telefonnummern jeweils ohne Vorwahl für Bundesrepublik Deutschland bzw. Österreich. Diese sind: 00 49 bzw. 00 43 – die Null der Ortskennzahl weglassen):

- **Österreichische Landsmannschaft** (ÖLM): Fuhrmannsgasse 18 a, 1080 Wien, Tel. 01 - 40 82 27 3; Fax: 01-40 22 882. E-Post: info@olem.at; Internet: www.oelm.at
- **Freiheitlicher Akademikerverband** (FAV): Ableitenweg 8, 5101 Salzburg-Bergheim, Internet www.akademikerverband-salzburg.at

- **Ring Freiheitlicher Studenten** (RFS): RFS Bund, Stukkgasse 9/11, 1070 Wien, Tel. 01 - 40 80 74 812, Internet www.rfs.at
- **Österreichischer Seniorenring**: Griesplatz 10, 8020 Graz, Tel 0316 - 70 72 13 0, Internet: www.seniorenring-oesr.at
- **Ring Freiheitlicher Jugend** (RFJ): RFJ Bundesorganisation, Stuckgasse 9, 1070 Wien, Tel. 01 - 40 80 74 8, Internet www.rfj.at
- **Neuer Klub Wien**; 1172 Wien, Postfach 40 (Vorträge im Haus der Heimat, Steingasse 25, 1030 Wien)
- **Neuer Klub Salzburg**, z. Hd. Dr. W. Caspart, Ableitenweg 8, 5101 Salzburg-Bergheim, (Vorträge im Hotel Schaffenrath, Alpenstraße 155, Salzburg-Stadt)
- **Kärntner Heimatdienst** (KHD): Prinzhoferstraße 8, 9020 Klagenfurt, Tel. 0463 - 54 00 2, Internet www.khd.at
- **Verein Muttersprache** – Wiener Sprachblätter; A-1080 Wien, Fuhrmannsgasse 18/1/A; Tel. 01 - 405 98 07, E-Post prohaska@oelm.at
- **Österreichischer Turnerbund (ÖTB),** A-4050 Traun , Postfach 58, Tel. 072 29 - 65 224; E-Post: gst@oetb.at
- **Volksbildungskreis**: Prinz Eugen-Straße 44, 1040 Wien, Tel. 01 - 50 59 66 0
- **VLÖ-Verband Volksdeutscher Landsmannschaften,** 1030 Wien, Steingasse (Haus der Heimat)
- **Institut für Staatspolitik**: Rittergut Schnellroda, 06268 Albersroda, Tel. 0346 - 32 90 94 2, Internet www.staatspolitik.de
- **Staats- und Wirtschaftspolitische Gesellschaft**: Postfach 261827, 20508 Hamburg, Tel. 040 - 41 40 08 28, Internet www.swg-hamburg.de
- **Bund der Vertriebenen**: Godesberger Allee 72-74, 53175 Bonn, Tel. 02 28 - 81 00 70, Internet www.bund-der-vertriebenen.de
- **Bund junges Ostpreußen (BJ)**: Parkallee 86, 20144 Hamburg, Tel. 040 - 41 40 08 24
- **Verein Deutsche Sprache**: Postfach 104128, 44041

Dortmund, Tel. 0231 - 79 48 52 0; Internet: www.vds-ev.de

- **Union der Opferverbände Kommunistischer Gewaltherrschaft**, Genslerstraße 66 (Raum 315), 13055 Berlin-Hohenschönhausen, Internet www.uokg.de
- **Studienzentrum Weikersheim** e.V., Hauffstr. 12, 70771 Leinfelden-Echterdingen, Internet: www.studienzentrum-weikersheim.de

oder für junge Menschen an Schule und Universität Schülerverbindungen (Pennalien) und akademische Verbindungen (auch für Frauen möglich) aus dem national-freiheitlichen Lager, z.B. die österreichischen oder bundesdeutschen Mitglieder der Deutschen Burschenschaft (Internet: www.burschenschaft.de; Burschenschaftliche Gemeinschaft in DB und DBÖ: www.burschenschaftliche-gemeinschaft.de), die Mitglieder des Österreichischen Pennäler Ringes (Internet: www.oepr.at) oder Damenverbindungen wie z.B. die Mädelschaft Freya in Wien (Internet: www.m-freya.org).

Vernetzen

Oft ist es so, daß viele Menschen dasselbe wollen und zusammen auch in der Lage wären, es zu erreichen, aber nicht voneinander wissen. Wenn man politische Veranstaltungen besucht und politische Zeitschriften liest (im „Eckart“ sind beispielsweise viele Veranstaltungshinweise auf der vorletzten Seite), weiß man über einige Veranstaltungen und Ereignisse Bescheid. Dadurch allein kann man aber noch nicht mit Gleichgesinnten zusammenwirken. Solche gemeinsamen Aktionen sind erst möglich, wenn Einzelne und Gruppen, die zumindest teilweise dieselben Ziele haben, zusammenwirken. Deshalb ist eine der wichtigsten Aufgaben im politischen Engagement das Vernetzen.
Ein Beispiel: Die Aktion einer nicht-parteigebunde-

nen Gruppe besteht u.a. darin, Unterschriften zu sammeln und diese schließlich im Rahmen einer Demonstration an politisch Verantwortliche abzugeben. Einzelne Mitglieder dieser Gruppe übernehmen nicht nur, Unterschriftenlisten im Privatkreis zu sammeln, sondern versuchen auch ihrerseits, weitere Organisationen für dieses Ziel zu begeistern und für die Teilnahme an der Demonstration zu gewinnen. Schließlich arbeiten acht Organisationen an diesem Demonstrationstag zusammen, stellen Mitglieder ab, die Transparente mit dem eigenen Logo mitbringen und stellen ihre Logos auf Protestplakaten dar. Für linke Gruppierungen verschiedenster Schattierungen ist so ein Vorgehen üblich. So erscheinen z.B. gelegentlich gemeinsame Aufrufe von gemäßigteren Gewerkschaften und christlichen Gruppen, die eher linksliberal sind, mit jenen von radikalen Linksextremisten und gewaltbereiten Anarchisten. Damit werden nicht nur die Grenzen zwischen eher links und ganz links außen verwischt, sondern es wird auch regelmäßig eine kritische Größe erreicht, mit der man mehr Einfluß nehmen kann als mit einzelnen Organisationen. An der Vernetzung kann so gut wie jeder mitarbeiten, der in verschiedenen Organisationen und Kreisen mitwirkt. Dazu muß man keineswegs eine Führungsrolle innehaben. Vernetzung findet auf allen Ebenen statt. Und: Warum soll man einander neben dem Politischen nicht auch privat treffen, einander beruflich weiterhelfen oder seinen Kindern eine lustige Zusammenkunft ermöglichen?

Indoktrinierung entgegenwirken

Leider werden vielerorts insbesondere junge Menschen politisch einseitig indoktriniert, ohne daß sich dagegen Protest regt. Genau so wichtig wie das Vermitteln eigener politischer Inhalte ist es, der politischen Indoktrination entschieden entgegenzutreten.

Meist erfolgt diese ohnehin durch Übertreten rechtlich zulässiger Grenzen und ist gar nicht rechtens. Dazu ein Beispiel: In einer Grundschule sollten alle kleinen Mädchen an einem Tag die ganze Zeit mit einem Kopftuch herumlaufen, „um Toleranz zu lernen". Diese Aktion ging ausgerechnet von der christlichen Religionslehrerin aus. Ein Elternpaar fand, daß diese Aktion zwar eine politische Aussage (Kopftücher tragen ist normal – obwohl viele aufgeklärte Muslime das mitnichten so sehen), aber keinen sinnvollen Lernerfolg für Grundschüler beabsichtigte. Diese Eltern verboten, daß ihr Kind sich daran beteiligte und brachten mit einem Besuch beim Schuldirektor die ganze Aktion zu Fall (Warum, so fragten sie beispielsweise, wird hier selektiv an eine Religion gewöhnt, die noch dazu nicht mehrheitlich vertreten ist?). Der Direktor kannte die Leute von den Elternabenden, er hätte ihnen wie allen Eltern mit einem ernsthaften Anliegen und vernünftigen Argumenten aber auch unbekannterweise Gehör geschenkt. Das Beispiel zeigt, wie sinnvoll die Mitarbeit in Elterngremien und anderen Organisationen ist, um Auswüchse zu verhindern.

Vorbereiten auf Engagement

Wenn man sich in Organisationen engagiert, die man beeinflussen möchte, sollte man sich nicht nur inhaltlich, sondern auch in den Formalien gut auskennen. Lenin wird der Satz zugeschrieben „Geschäftsordnungsfragen sind Machtfragen", und mit Recht verweist dieser Spruch darauf, daß man nicht nur das Richtige wollen muß, wenn man sich in einer Organisation bewegt, sondern sich auch durch genaue Kenntnis und Anwendung der Regeln dieser Organisation Gehör verschaffen können muß. Gute Tips zu Technik und Taktik bei Versammlungen und Diskussionen in politischen Gruppierungen mit rechtlichem

Charakter (z.B. Vereinen) bietet das Buch „Zur Geschäftsordnung" von Hermann Meier. Unerläßlich ist es aber das Regelwerk der Organisation zu kennen (es muß einsehbar sein oder verteilt werden können), in der man mitarbeiten möchte. Am besten übt man an unwichtigen Versammlungen, bevor man sich an die Versammlung wagt, bei der man politisch etwas bewirken möchte. Wenn man beispielsweise die Scheu überwinden möchte, sich politisch klar zu äußern und Widerspruch erwarten muß, geht man einige Wochen vorher beispielsweise zu einer Eigentümerversammlung, zur Jahreshauptversammlung im Sportverein oder in seine Kirchengemeinde und meldet sich dort zu einem Thema zu Wort, das einem nicht am Herzen liegt und das nicht allzu kontrovers ist. Dann kann man eine Wortmeldung, eine Frage oder einen Antrag einfach in einem weniger wichtigen Fall einüben.

Vorträge

Auch eine kurze Darstellung über 10 Minuten ist ein Vortrag, der ausführliche Vorbereitung benötigt und klare Aussagen und eine klare Struktur haben muß, sowie auf die spezielle Zielgruppe zugeschnitten werden sollte. Um eigene Anliegen auszudrücken, ist es jedoch besser, einen längeren Vortrag von wenigstens 30 bis 45 Minuten zu halten. Heute verwenden die meisten Unternehmen und professionelle politische Gruppierungen dazu Computerpräsentationen, die man mit dem Programm Powerpoint leicht selbst machen kann. Wenigstens kann man Folien verwenden. Für beide Präsentationsformen benötigt man jedoch Technik (Laptop und Beamer im ersten Fall, einen Overhead-Projektor im zweiten Fall). Allerdings kann man diese oft an Veranstaltungsorten, bei Schulen, Universitäten oder befreundeten Unternehmen und Bildungseinrichtungen ausleihen. Wenn es keine andere Möglichkeit gibt, kann man vorher auf große

Papierbögen (ein sogenanntes Flipchart) Schaubilder vorzeichnen.
Am besten läßt man während des Vortrages keine Fragen zu, sondern verschiebt diese auf die Zeit danach. Dies muß man ankündigen. Fragen – und sich daraus oft genug ergebende ungebetene Zweitvorträge – können einen Vortrag bis zur Unkenntlichkeit aufhalten und zerstören. Die Zeit für Fragen kann man begrenzen. Für einen Vortrag von 45 Minuten sind 15 bis 20 Minuten völlig ausreichend. Auch Fragen müssen straff moderiert werden, um Zweitvorträge zu verhindern und den „Frager" nötigenfalls dazu zu drängen, auch wirklich eine Frage zu formulieren.
Für die Antworten auf Fragen gilt ähnliches wie zum Thema Interview beschrieben. Auch hier sind Sie der Herr Ihrer Aussagen.
Für Vorträge und besonders für Präsentationen gelten folgende Regeln:

- Sie verkaufen immer etwas, auch wenn es sich um eine neue Idee oder einen bekannten Sachverhalt handelt.
- Sagen Sie vorher, in welcher Gliederung Sie sprechen wollen, damit der „rote Faden" deutlicher wird.
- Sprechen Sie so weit wie möglich frei, nehmen Sie sich aber Gedächtnisstützen mit (z.B. kleine Zettel mit Fakten und Kernaussagen oder den kompletten ausgedruckten Foliensatz mit Bemerkungen).
- Nutzen Sie so viel wie möglich visuelle Hilfsmittel.
- Passen Sie Ihr Sprechtempo den Zuhörern an (im Zweifel: langsam sprechen).
- Nutzen Sie Ihre Stimme für bewußte dramaturgische Effekte (Betonungen einzelner Wörter, von Satzanfängen, wiederholtes langsames Aussprechen etc.).
- Suchen Sie immer Augenkontakt zum Publikum, aber starren Sie Einzelne nicht länger an.

- Beginnen Sie mit etwas Überraschendem, einem anschaulichen Beispiel, eigenen Erfahrungen, jedenfalls mit etwas Einprägsamem und Interessantem.
- Zeigen Sie, wenn möglich, Beispiele vor.
- Enden Sie erstens mit der Wiederholung der Ausgangsfrage (Ich wollte Ihnen zeigen, daß ...), zweitens mit einer kurzen Zusammenfassung und drittens mit der Schlußfolgerung und einer Handlungsaufforderung.

Verhandlungstaktik

Wenn man im Verlauf eines politischen Prozesses mit einem Gegenüber verhandeln muß, gelten andere Regeln als vor Publikum (also z.B. bei Podiumsdiskussionen oder vor der Kamera). Bei Verhandlungen geht es kurz gesagt darum, seinem Gegenüber weitgehend den eigenen Willen aufzuzwingen. Man ist als Partner in einer Verhandlung nicht unparteiisch oder neutral, man beabsichtigt nicht „die Wahrheit zu finden", sondern man hat Interessen und will diese, so gut es geht, durchsetzen. Mit einer anderen Einstellung geht man am besten nicht in eine Verhandlung. Dazu gibt es einige Tricks.[33]

- Zunächst sollte man darauf achten, welche Instinkte man beim Gegenüber wecken kann, wie man ihn scheinbar in seinem eigenen Interesse handeln lassen kann (anstatt ihn mit brillanten Argumenten zu überzeugen versuchen).
- Wer konfliktscheu ist, verhandelt ebenfalls besser nicht. In der deutschen Kultur gilt heute Konflikt an sich schon als unerwünscht. Deshalb vermeiden viele Menschen, einen Konflikt entstehen oder eskalieren zu lassen und verzichten dafür auch auf eigene Interessen. Wer signalisiert, hart zu kämpfen

33 J. Mai: Fies gewinnt. Wirtschaftswoche 28. 7. 2005

(im schlimmsten Fall auch unter Inkaufnahme eigener Nachteile), ist ein unangenehmer Gegner, dem man besser aus dem Weg geht. Was heißt das für uns? Wir sollten selbst überzeugend dieses Signal aussenden und beim Gegner die Möglichkeit einkalkulieren, daß er dies nur aus dramaturgischen Gründen tut.

- Wer sich vom Gegenüber lenken läßt, hat ebenfalls Nachteile, weil er die Verhandlung nicht steuern kann. Es ist weder schädlich, permanent die eigenen Forderungen zu wiederholen, noch, einen „Nebenkriegsschauplatz" zu eröffnen (ein neues inhaltliches Feld zu betreten), noch an einer bestimmten Stelle der Verhandlung einfach nichts zu tun und zu schweigen. Hauptsache, der Gegner gerät in die Defensive.
- Man kann Streß nicht nur bewußt erhöhen, sondern auch verringern. Man kann z.B. auch das Gespräch beim Mittagessen führen, anstatt einen Tagungsraum zu mieten.

3.3 Gründung politischer Organisationen

Aus gutem Grund gab es bei Greenpeace eine Broschüre mit dem Titel „Anleitung zum Widerstand. Tips für einen erfolgreichen Bürgerprotest". Damit konnte überall in Österreich zur Gründung von politischen Organisationen – ohne rechtliche Fehler zu machen – beigetragen werden. Das in der Broschüre vermittelte Wissen läßt sich aber auch von anderen nutzen. Zunächst wird vorgestellt, wie man sich als Einzelner engagieren kann:

1. möglichst viele Informationen über das Projekt sammeln, gegen das man vorgehen will (z.B. bei ortsansässigen Medien, Politikern oder Anwohnern)
2. offene oder verdeckte Verbündete suchen (beispielsweise über Flugblatt-Aktionen in der Nachbarschaft oder im Gemeinderat; selbst wenn die

Betreffenden nicht offiziell Farbe bekennen wollen, können sie unterstützen)

3. sich nicht einschüchtern lassen (z.B. Anwälte Klageandrohungen bewerten lassen – am besten solche, die mitarbeiten und dadurch kein großes Honorar verlangen)
4. politisch neutral bleiben (um nicht als Wahlkämpfer o.ä. abgestempelt zu werden, ist ein zweischneidiger Tip, wenn es ohnehin nur eine politische Richtung gibt, aus der Unterstützer kommen können)
5. Durchhaltevermögen zeigen (erst nach drei Jahren wurde 1995 z.B. von der steirischen Landesregierung eine Müllverbrennungsanlage abgelehnt)
6. Ansprechpartner sind auf dem Land zunächst die Bezirkshauptmannschaft/Landratsamt, in größeren Städten der Magistrat. Hinzu kommen Bürgermeister, Landeshauptmann/Ministerpräsident und Bundesminister. Man kann gegen alle Bescheide grundsätzlich Berufung einlegen; dies sollte schriftlich und eingeschrieben und muß innerhalb der meist vierwöchigen Frist geschehen.

Dann geht es um die Organisationsgründungen:
man braucht die richtige Rechtsform (zur Vereinsgründung braucht man mindestens drei Leute; Vereinsstatuten, die man für eigene Zwecke ausfüllen muß, gibt es in vielen Tabaktrafiken, und diese müssen bei der Vereinsbehörde für das jeweilige Bundesland vorgelegt werden, dort gibt es oft auch nähere Informationen)

- man braucht einen kurzen prägnanten Namen – beispielsweise die Abkürzung eines Langnamens (z.B. NET für „Nein zur Ennsnahen Trasse“).
- die Aufgaben sollten intern klar verteilt sein (z.B. Medienarbeit, Finanzen, Informationsbeschaffung).

- die Organisation muß konkrete Ziele haben und den Erfolg ihrer Bemühungen kontrollieren.
- es sollte einen Sprecher geben (mit dem die Organisation dann verknüpft wird), Beschlüsse sollen schnell abgestimmt werden, um handlungsfähig zu sein.
- es muß einen Finanzplan geben und den Versuch, Spenden zu erhalten.
- man sollte Verbündete suchen und mit ihnen zusammenarbeiten (z.B. andere Vereine, Meinungsführer wie Ärzte, Pfarrer, Lehrer oder Prominente etc.).

Linke Gruppen bezeichnen ihre Arbeit oft als „Graswurzelrevolution“, weil sie ausdrücken wollen, daß viele kleine Aktivitäten und Organisationen dennoch in der Summe eine große Kraft entfalten können. Im Fall der Ökologiebewegung ist ihnen das gelungen. Man sollte ihnen jedoch nicht das Feld überlassen und sich in wichtigen Fragen an mindestens genau so vielen Stellen organisieren. Gleichgesinnte gibt es jedenfalls zu Themen wie EU-Erweiterung, Währungsaufgabe, Rechtschreibreform oder Islamismus genug, auch wenn sich dies in den Medien oft noch anders darstellt.

4. Wirken in sozialen Gruppen

In vielen Vereinen, die nicht primär einem politischen Zweck dienen, wird politisiert. Am Tresen, auf der Feier oder nach dem Sport kommt es zwangsläufig neben anderen Themen auch zum Gespräch über Politik. So entzweiend eine parteipolitische Diskussion sein kann (und damit endet oft die Möglichkeit, Meinungen zu beeinflussen), so befruchtend kann ein Gespräch über politische Ereignisse unabhängig von Parteipolitik sein. Warum sollte man beispielsweise nicht über den geplanten Bau einer Moschee im Ort

durch Islamisten oder den Irakkrieg und die Beteiligung eigener Soldaten sprechen? Warum sollte man nicht selbst Verantwortung – und damit Ämter – übernehmen und Entscheidungen beeinflussen (z.B. die Frage, bei wem gekauft wird oder wo der Stammtisch stattfindet)? Von diesen Beteiligungen lebt schließlich eine Demokratie. Oder warum soll man nicht auch einen Verein verlassen, der unabhängig vom Vereinszweck sich beginnt, politisch in eine Richtung zu bewegen, die man nicht mittragen kann?
Nachdem die evangelische Kirche in der Bundesrepublik Deutschland sich beispielsweise immer weiter nach links entwickelt hat und einige Spitzenfunktionäre für eine leichtere Einbürgerung von Ausländern, für Kirchenasyl, Homosexuellen-Ehen und Abtreibung eintreten (eine Entwicklung, die der in der katholischen Kirche ähnlich ist, aber dort später stattfand), haben konservative evangelische Christen eine bundesweite Organisation gebildet („Notsynode"), eigene Gemeinschaften gebildet und eigene Pfarrer berufen oder werden durch Reisepfarrer unterstützt. Dabei vereinen sie aus Protest aus der Amtskirche ausgetretene Christen mit normalen Gemeindemitgliedern. Damit haben sie nicht einfach resigniert, sondern arbeiten aktiv an einer evangelischen Kirche, die sich an ihren Bedürfnissen orientiert und nicht an denen von gar nicht zugehörigen Minderheiten.[34]
Die erwähnte Greenpeace-Broschüre gibt auch eine Reihe von Tips für das Lobbying, d.h. die gezielte Vertretung von Interessen in Gruppen und Institutionen. Dort heißt es:

1. Politischer Druck entsteht durch Informationen (d.h. eigene Medienangebote bzw. Einwirken in unabhängige Medien)
2. Gespräche mit Politikern sollten gezielt gesucht und durch ein hohes Maß an Wissen gut genutzt

34 U. Motte: Aufstand der Bibeltreuen. Focus 44/1998.

werden (gute Vorbereitung und Weitergabe von übersichtlichem und kurzem Material – denn der Politiker hat wenig Zeit, nutzt aber gerne zuverlässige Recherchen, wie Journalisten übrigens auch)

3. Wenn man gegen ein Problem vorgeht, sollte man eine Alternativlösung zu der anbieten, die man bekämpft und sich nicht auf die Schilderung des Problems beschränken (diese sollte kurz und verständlich formuliert sein)
4. Feste und andere Ereignisse sollten für die Zwecke des Lobbying genutzt werden, um Ansprechpartner kennenzulernen und Kontakte zu knüpfen, Verbündete zu gewinnen und Verabredungen zu treffen. Dabei sollte man nicht von Anfang an mit konkreten Wünschen kommen. Wirkungsvoller ist es, zunächst eine persönliche Beziehung herzustellen und später mit konkreten Wünschen darauf zurückzugreifen.

5. Sonderaktionen

Zu den Sonderaktionen zählen Beschwerden bei geeigneten Institutionen, Demonstrationen und Mahnwachen, Informationsblockaden und medienwirksame Protestaktionen.

5.1 Beschwerden bei Institutionen

Beschwerden bei geeigneten Institutionen sind eine Maßnahme gegen Medien-, Werbe- oder PR-Aussagen. Der *Deutsche Presserat*, gegründet von Verleger- und Journalistenverbänden, legte 1973 seinen Pressekodex vor. Auf dieser Grundlage sind Verstöße von Medien beim Presserat anzeigbar.
Seit 1972 gibt es den *Deutschen Werberat*. Er ist Ansprechorgan bei Beschwerden von Konsumenten oder Verbraucherverbänden. Wenn dem Beschwerdeführer Recht gegeben wird, erfolgt eine Aufforderung an den Werbetreibenden, den Beschwerdegrund zu be-

enden. Sollte er sich weigern, wird ihm eine öffentliche Rüge erteilt, die im Jahrbuch des Rats und in den Medien verbreitet wird. Die eigentliche Bedeutung des Werberates liegt in der Orientierung der Gerichte an seinen Maßstäben. Seit 1991 gibt es die Europäische Allianz der Werbeselbstkontrolle, der European Advertising Standards Alliance, die auf europäischer Ebene eine Selbstdisziplinierung erreichen will. Sie kann eingreifen, wenn beispielsweise in europaweit vertriebenen Zeitschriften oder zu empfangenden Fernsehsendern unlautere Werbung betrieben wird.
Der *Deutsche Rat für Public Relations* (DRPR) soll als Organ der freiwilligen Selbstkontrolle die Durchsetzung der ethischen Prinzipien überwachen und Fehlverhalten öffentlich rügen. Auch Nichtmitglieder und Nichtfachleute können (selbst fernmündlich) Beschwerde einlegen, und die Entscheidungen des Rates werden publiziert.
Möglich sind Beschwerden in Österreich auch bei der Volksanwaltschaft (1010 Wien, Singerstraße 17) oder beim Innenministerium (Beschwerdestelle, 1010 Wien, Herrengasse 7).

5.2 Konzentrierte Informationsaktionen

Konzentrierte Informationsaktionen sollen nicht dauerhaft von der Kommunikation abschneiden, sondern die Aufmerksamkeit des Betreffenden und der Medien erreichen. So bat die Zeitung „Junge Freiheit" ihre Leser, sich in Protestbriefen an den Ministerpräsidenten des Landes Nordrhein-Westfalen zu wenden, weil das Blatt nach wie vor im Verfassungsschutzbericht dieses Bundeslandes genannt wird und ihm damit erhebliche Nachteile entstehen. Wichtig war, daß die Briefe formal und inhaltlich korrekt formuliert wurden, um ernst genommen zu werden. Bei manchen Aktionen gab es vorgefertigte Postkarten, die nur noch mit Absender versehen und frankiert

werden mußten. Wieder andere Aktionen riefen dazu auf, Telefaxe und Mails zu verschicken.
Im Gegensatz dazu stehen illegale Aktionen, die der Informationsblockade dienen. Nach der Niederschlagung der demokratischen Bewegung in China richteten Behörden beispielsweise Sonder-Rufnummern ein, bei denen Oppositionelle denunziert werden konnten. Die Protestbewegung rief erfolgreich dazu auf, von allen Teilen der Welt aus diese Telefonnummern und Telefaxanschlüsse durch pausenlose Anrufe bzw. Sendungen zu blockieren.
Während des Studentenstreiks in Österreich 1996 rief die Österreichische Hochschülerschaft aus Protest gegen die Behandlung durch Medien und Regierung ebenfalls zu pausenlosen Anrufen und Faxsendungen bei Politikern und Medien auf.[35]

In Nordirland wird auch mit riesigen Wandgemälden („murals“) für die Unabhängigkeit von Großbritannien gestritten.

5.3 Medienwirksame Protestaktionen

Medienwirksame Protestaktionen können genehmigungspflichtige Demonstrationen oder Mahnwachen oder Offene Briefe, Unterschriftenaktionen oder öf-

35 Flugblatt der Österreichischen Hochschülerschaft vom März 1996 mit dem Titel „Stört Euch“

fentliche Rügen sein. Diese Aktionen können medienwirksam sein, wenn sie *Symbolcharakter* haben und *einfache Botschaften schnell vermitteln*. Dazu zwei Beispiele: Eine sogenannte „Christliche Initiative Romero“ erfand und verteilte tausendfach zu Beginn der Fußballeuropameisterschaft der Firma Adidas symbolisch eine „Rote Karte“. Sie warf der Firma vor, hohe Gewinne zu erwirtschaften und über Dividenden den Aktionären auszuschütten. Dazu stellten sie die Frage „Auf wessen Kosten“. Gleichzeitig beklagten sie, daß in der Dritten Welt bei einigen Textilunternehmen die Arbeiter unter schlechten Arbeitsbedingungen litten.
Da beide Vorgänge nebeneinander im Text standen ergab sich ein Scheinzusammenhang mit der verkürzten Formel: „Unternehmen geht es gut, weil es armen Menschen schlecht geht“, ohne daß es den kleinsten Beweis für diese Formel gab. Dazu wurden einige Forderungen erhoben und Informationsmaterial angeboten. Diese Botschaft stand auf einer aufklappbaren roten Karte, die den Inhalt wirkungsvoll versinnbildlichte. Dazu wurde ein Aktionstag durchgeführt, an dem man Passanten, Gemeindemitglieder und vor allem Sportvereine ansprechen wollte. In Sportgeschäften wollte man mit Parolen auf T-Shirts erscheinen und Kundenkarten und gebrauchte Kleidung als Zeichen des Protestes zurückgeben. Schließlich wollte man einige Tage später sozusagen auf Herzogenaurach marschieren, d.h. die Firmenzentrale von Adidas von einem eigens organisierten Fest aus heimsuchen, um „FirmenvertreterInnen zu einem Gespräch zu bitten“.
Demonstrationen können auch in kleinem Rahmen wirksam sein, wenn sie an strategischen Punkten stattfinden oder aufmerksamkeitserregende Formen annehmen. Wer hätte z.B. die in Skelettkostüme gekleideten Menschen entlang der Zufahrt zu einem

Tagungshotel der Atomindustrie übersehen können oder die mehreren hundert Holzkreuze vor einem Atomkraftwerk. Bei der ersten Demonstration waren nur 20 Personen anwesend, bei der zweiten gab es nur fünf Verantwortliche. Neben der Information der Medien spielt auch die eigene Dokumentation eine Rolle: Linke Anti-Globalisierungs-Aktivisten filmten beispielsweise ihre eigene Demonstration gegen die Welthandelsorganisation und übertrugen die Bilder in Echtzeit über das Internet.[36]

Greenpeace empfiehlt für Demonstrationen:

1. Genügend Zeit zur Vorbereitung (wenn möglich ein Monat), d.h. Planung für Regen (z.B. wetterfeste Transparente) oder Gegendemonstranten (beispielsweise schwerer störbarer Anmarsch durch mehrere mögliche Wege und unauffälliges Äußeres), dabei Erfahrungen nutzen, die der eine oder andere bereits sammeln konnte
2. Wahl eines konkreten und aktuellen Anlasses.
3. Festlegung von Kernbotschaften (Wiederholung auf Transparenten, in Einladungen und Pressetexten).
4. Bestimmung von Ort und Zeit (gegebenenfalls Treffpunkt festlegen), berücksichtigen, daß Vormittage sich eher für Medien anbieten (nachmittags arbeiten Journalisten in der Regel an ihren Beiträgen), aber Berufstätige eher an Wochenenden und abends Zeit haben.
5. Anmeldung bei der Polizei (Bundespolizeidirektion, Magistrat bzw. Bezirkshauptmannschaft, Landratsamt u.ä.)[37], dabei alles erwähnen, was eingesetzt wird (z.B. Lautsprecher).

---

36 S. Krempl: Machtspiele im Internet. Tomorrow o. J.

37 In der Bundesrepublik Deutschland müssen Demonstrationen spätestens 48 Stunden vor dem Termin bei der zuständigen Behörde angemeldet werden. Dabei festgelegt werden: das Motto bzw. Thema der Demonstration, wer verantwortlich ist und welche Route ge-

6. Information von Anwohnern und Medien, Versenden von Einladungen und kurzer Zusammenfassung des Zieles.
7. Organisation eines Redners (kurze Reden, nicht mehr als maximal drei bis vier Redner werden empfohlen), Verfassen von Pressetexten und Festlegung eines oder besser mehrerer Fotografen.
8. Anschließende Manöverkritik (Berichterstattung auswerten, von den Teilnehmern Erfahrungen abfragen, aus Fehlern lernen und nicht den Mut verlieren).

Generell sollten die Ziele aller Aktionen – ob Demonstration, Mahnwache oder Informationsstand – klar definiert sein, es sollte eine Hierarchie geben, damit bei diesen Anlässen schnell gehandelt werden kann (Wer spricht mit der Presse? Wer trifft Entscheidungen über Abbruch oder örtliche Verlagerung? u.ä.), und das oberste Prinzip sollte Gewaltlosigkeit sein. Wenn man von Gegendemonstranten angegrif-

---

wünscht wird. Gegen mögliche Auflagen und Verbote kann man allenfalls vor einem Verwaltungsgericht Klage einreichen.
Nichterlaubt sind u.a. Vermummung, passive Bewaffnung (z.B. Schutzhelme), verfassungsfeindliche Symbole.
Zuständig ist grundsätzlich immer die Behörde, an deren Ort die Demonstration stattfinden soll, genauer:
Baden-Württemberg: Kreispolizeibehörde; Bayern: Kreisverwaltungsbehörde; Brandenburg: Polizeipräsidium; Berlin: Polizeipräsident; Bremen: Ortspolizeibehörde; Hamburg: Behörde für Inneres; Hessen: bei Gemeinden mit 7500 und mehr Einwohnern die Ortspolizeibehörde (Bürgermeister), bei kleineren Orten die Kreispolizeibehörde; Niedersachsen: die Landkreise bzw. in kreisfreien Städten der Oberbürgermeister; Nordrhein-Westfalen: Kreispolizeibehörde; Rheinland-Pfalz: Stadt bzw. Gemeinde; Saarland: der Landrat bzw. in Saarbrücken und kreisfreien Städten der Oberbürgermeister; Sachsen: Kreispolizeibehörde; Sachsen-Anhalt: Landkkreis bzw. für Dessau, Halle und Magdeburg die jeweilige Polizeidirektion; Schleswig-Holstein: der Landkreis bzw. in kreisfreien Städten der Bürgermeister; Thüringen: Kreisverwaltungsbehörde

fen wird – eine in Wien sehr seltene Ausnahme – sofort den Arzt aufsuchen und Anzeige erstatten. Fotografen in einiger Entfernung zum Aktionsort können mit entsprechenden Objektiven Täter wirkungsvoll identifizieren – oft sogar dann, wenn das in Österreich im Vergleich zur Bundesrepublik Deutschland nicht strafbare Vermummen dagegen schützen soll. Es gibt kostenlose Rechtsberatung in jedem Bundesland bei den Rechtsanwaltskammern und bei den Bezirksgerichten. Die festgelegten regelmäßigen Termine können dort erfragt werden.

Gegenwärtig liefern die Gegner von Fastfood schöne Beispiele für handwerklich gelungene medienwirksame Protestaktionen. Organisationen wie Foodwatch demonstrieren mit Plakaten vor McDonald's Filialen, versenden aggressiv formulierte Pressemitteilungen und Broschüren („gewarnt wird da vor […] ‚Kadavermehl im Schweinetrog' und ‚Altöl im Hühnerfutter'"[38]), betreiben Internet-Foren und rufen zu Pro-

38 Die Schlacht der Schnecken. Der Spiegel 1/2006

testaktionen von Verbrauchern auf. Daß McDonald's qualitativ hochwertige Rohstoffe verarbeitet und Markenhersteller als Zulieferer beschäftigt, scheint dagegen nicht zu interessieren. Es sind die Konfrontation und die Skandalisierung, die Medieninteresse hervorruft.

6. „Dirty Tricks"

Im Folgenden geht es um unfeine und in vielen Fällen strafbare Maßnahmen, sogenannte „dirty tricks", schmutzige Tricks. Diese Darstellung erfolgt nicht, um Handlungsanleitungen zu geben. Im Gegenteil: Sie soll einen wirksamen Schutz dadurch ermöglichen, daß man gewarnt ist und weiß, was auf einen zukommen kann. Der Verfasser distanziert sich ausdrücklich von diesen Methoden und warnt vor ihrem Einsatz. Wir wollen hier lediglich herausfinden, wie man sich dagegen schützen kann.

Was kann das Ziel dieser Tricks sein? Das grundsätzliche Ziel von Leuten, die wie beschrieben vorgehen, ist, sich und ihre Vorstellungen durchzusetzen. Dazu bedienen sich solche Leute seit Jahrhunderten der gleichen Verfahren, wie sie z.B. vom chinesischen Philosophen Sun Tsu symbolhaft und einprägsam beschrieben wurden.[39] Einige Beispiele:[40]

1. „Mit dem Messer eines anderen töten" bedeutet, man benutzt einen Strohmann für heikle Aufgaben.
2. „Im Osten lärmen, im Westen angreifen" bedeutet, man täuscht den Angriff auf ein Ziel vor, um einen weiteren Angriff leichter durchführen zu können.

---

39 Es gibt einige Übersetzungen von Sun Tsus Werk „Die Kunst des Krieges". Er gibt darin Hinweise wie „Die höchste Kunst ist es, den Widerstand des Gegners kampflos zu brechen", „Zersetzt alles, was beim Gegner gut ist" oder „Verwickelt die Anführer des Gegners in verbrecherische Unternehmen, unterhöhlt ihr Ansehen und gebt sie zur gegebenen Zeit der Schande preis".

40 H. v. Senger: Strategeme. Die berühmten 36 Strategeme der Chinesen.

3. „Hinter dem Lächeln den Dolch verbergen" bedeutet, man verbirgt feindliche Absichten hinter einem schönen Schein.
4. „Auf das Gras schlagen, um die Schlangen aufzuscheuchen" bedeutet, man provoziert seinen Gegner, um seine Reaktion erkennen und ihn leichter bekämpfen zu können.
5. „Den Tiger vom Berg in die Ebene locken" bedeutet, den Gegner auf ein ihm unbekanntes Gebiet zu führen, um ihn dort leichter besiegen zu können.
6. „Will man eine Räuberbande unschädlich machen, muß man deren Anführer fangen" bedeutet, man schaltet den leitenden Kopf des Gegners gezielt aus oder schwächt ihn.
7. „Sich mit dem fernen Feind verbünden, um den nahen Feind anzugreifen" bedeutet, man kooperiert mit Feinden des eigenen Feindes, da man punktuell gemeinsame Interessen hat.

6.1 Falsche Namen

Man kann bei kommunikativen Maßnahmen falsche Personen- oder Organisationsnamen verwenden. Dafür können nicht-existente oder existente Namen verwendet werden. Dazu ein Beispiel: Jemand verfaßt einen Leserbrief an eine Tageszeitung und verschickt diesen per E-Post. Er benutzt dafür einen der kostenlosen Mail-Dienste (z.B. www.hotmail.com oder www.gmx.de) und einen erfundenen Namen, mit dem er sich eine beliebige Mail-Adresse verschaffen kann. Um authentischer zu wirken, gibt er noch dazu eine andere Stadt an. So wird aus einer Frau Müller aus München ein peter.meier@hotmail.com aus Hamburg. Das Ergebnis: Erstens hat der Leserbriefschreiber keine Wiedererkennung und Repression zu befürchten und kann letztlich äußern, was er will. Zweitens kann er mehr als einen Leserbrief schreiben, wenn er immer neue Namen verwendet und so den Eindruck erweckt, eine zahlenmäßig viel größere Gruppe zu vertreten. Drittens kann er über den Namen oder die Organisation den Inhalt verstärken: So sieht sich ein Unternehmen beispielsweise weniger gerne von einer (vermeintlichen) Umweltschutzorganisation kritisiert als von einer Einzelperson.

Das Beispiel ließe sich beliebig erweitern: Man schafft eine fiktive Organisation (unterschreibt beispielsweise als Funktionär einer nicht-existenten Vereinigung) oder behauptet, von einer Organisation zu sein, die es aber gibt, der er aber gar nicht angehört.[41] Eine falsche Firmierung kann nicht nur per E-Post erfolgen, sondern auch am Telefon, durch Fax-Kennungen, durch Verteilen falscher Visitenkarten, Verwenden falscher Briefköpfe bis hin zu komplett gefälschten Briefen. Natürlich machen sich die Verwender dieser Maßnahmen strafbar. Leider können sie dafür aber in vielen Fällen mangels Beweisbarkeit kaum zur Rechenschaft gezogen werden: Wer kann einen anonymen Internetnutzer mit einem Falschnamen schon ohne Weiteres finden, und wer hat überhaupt ein Interesse daran? In den allermeisten Fällen geht ein Gegenüber gar nicht davon aus, getäuscht zu werden. Besonders perfide ist die Verwendung eines tatsächlich existenten Namens. Erstens kann sich der „Besitzer“ kaum dagegen wehren, und zweitens ist die Täuschung kaum bemerkbar, denn selbst wenn man im Telefonbuch nachschaut, wird man die

41 Financial Times Deutschland, 29. 4. 2004: Ein Ableger der bundesdeutschen Gewerkschaft Verdi erfand beispielsweise mit Hilfe einer PR-Agentur eine Protestseite (www.epay.tv) im Internet, die die Arbeitsbedingungen bei der Internet-Handelsplattform Ebay kritisierte und Mitarbeiter für sich einnehmen wollte, aber nicht als Gewerkschaftsinstrument erkannt werden sollte, weil dies in der amerikanisch geprägten Firmenkultur nicht opportun war. Die Aufregung in den Medien blieb aus.

Person und die Adresse finden. Den entsprechenden Anruf, um festzustellen, ob der Betreffende sich wirklich an einen gewandt hat, wagen die Wenigsten. Ein solches – natürlich strafbares – Vorgehen erfolgt in manchen Fällen auch, um denjenigen zu schädigen (oder dessen Organisation), mit dessen Namen man sich schmückt. In abstrakterer Fassung bedeutet das z.B., sich bewußt anstößig zu verhalten, um den vermeintlichen Urheber zu belasten. Ein historisches Beispiel sind die Schmierereien und Hetzbriefe angeblich Rechtsradikaler in den 60er Jahren, die in Wirklichkeit von der „Staatssicherheit" der DDR begangen wurden, um angeblichen Rechtsradikalismus in Westdeutschland darzustellen.

Falsche Namen werden auch da eingesetzt, wo Personen per Post etwas bestellen oder etwas dauerhaft beziehen wollen (z.B. Zeitschriften), ohne dabei namentlich bekannt zu werden. Dazu bringt man neben dem eigenen Namensschild einfach einen fiktiven weiteren Namen an, so als vermiete oder untervermiete man Wohnraum. Dann bestellt man auf diesen Namen (oder schreibt Briefe etc.). Zwar wird man nicht ohne weiteres ein Bankkonto mit einem fiktiven Namen einrichten können, aber wenn man bei der Bezahlung einer Rechnung mittels Überweisung die Abonnements- oder Rechnungsnummer angibt, so wird der Empfänger sich damit zufrieden geben, dass er pünktlich sein Geld bekommt und nicht hinterfragen, warum jemand für einen anderen bezahlt. Außerdem könnte es sich z.B. auch um ein Geschenk handeln.

Man muß bei größeren Paketen, die nicht in den Briefkasten passen, allerdings selbst oder über einen Dritten erreichbar sein, weil ohne Identifikation von der Post nichts ausgehändigt wird.

6.2 Informationsverbringung

Angenommen, man hat ein Flugblatt entworfen und kopiert oder eine Zeitung gekauft oder einen politischen Aufkleber oder einen Sachverhalt in einem Brief zusammengefaßt und möchte nicht bei der Verbreitung erkannt (und ggf. belangt) werden oder nur unter einer bestimmten Adresse. Wie verbringt man dann diese Informationen? Dafür bieten viele Oppositionelle in der Vergangenheit Beispiele, z.B. die Kommunisten im Dritten Reich oder Oppositionelle im Ostblock:

1. Flugblätter/Zeitungen: können im öffentlichen Personennahverkehr (Haltestellen, Busse, Straßenbahnen, Züge) oder in Telefonzellen liegengelassen oder in Hausbriefkästen eingeworfen werden. Diese Medien können einerseits relativ leicht entfernt werden, andererseits aber unter Umständen größere Aufmerksamkeit auf sich ziehen, weil man sie mitnehmen oder ggf. in Ruhe lesen kann (z.B. wenn sie in Fernzügen ausliegen). Wenn man diese Medien verteilen will, selbst aber nicht ohne weiteres greifbar sein möchte, bieten sich eine Aufteilung in kleine Verteiltrupps (mit Mobiltelefonen ausgerüstet) und bewegter Einsatz an. So kann man eine Fußgängerzone, die aus einer Anzahl von Straßen besteht, auf verschiedenen Wegen an einem stark besuchten Einkaufssamstag schnell abarbeiten und genau so schnell wieder verschwinden. Viele werden die Informationen wegwerfen, aber manche werden sie behalten, und noch mehr werden sie erst einmal annehmen und deshalb wissen, daß es die jeweilige Meinung gibt.
2. Flugblätter und Plakate werden mit Klebefilm oder Kleister an Wände geklebt – entweder in ruhige Ecken, in denen man ohne Störung lesen kann oder an besonders belebte Plätze, wo sie jeder sieht. Je nachdem, wie kontrovers die Themen

sind, hängen die Plakate oder Flugblätter nicht lange. Andererseits ist die Zahl derer, die vor aller Augen Plakate abreißen, auch nicht so groß. Und: Auch abgerissene Plakate sind zum Teil noch erkennbar und deuten an, daß hier eine Meinung zum Schweigen gebracht werden soll, versprechen also Interessantes. Klebt man Plakate nachts in größerer Zahl – was an dazu nicht vorgesehenen Wänden natürlich strafbar ist –, kann man mit relativ vielen Kontakten am nächsten Morgen rechnen. Aufkleber bieten den Vorteil, daß sie selbst kleben und oft Formate haben, die gut in das städtische Bild passen (an Bushaltestellen, in Telefonzellen etc.).

3. Kriminelle Aktivisten stellen Informationen häufig auf Internetseiten ausländischer Server und entziehen sie so dem unmittelbaren Zugriff des eigenen Staates. Das bedeutet aber erstens nicht, daß die Seite nicht trotzdem abgeschaltet werden kann (es gibt insbesondere linke Meldestellen für mißliebige Seiten), und zweitens ist einem die Aufmerksamkeit derjenigen, die man erreichen möchte, nicht sicher. Dazu kann man zum einen den Eintrag in Suchmaschinen erreichen, zum anderen außerhalb des Internets die Seite bekannt machen.

Es versteht sich von selbst, daß eine einfache Internetadresse leichter merkbar ist als eine lange. Wenn die Gesellschaft für Wehr- und Sicherheitspolitik (GfW) sich z.B. hinter www.gfw-sicherheitspolitik.de verbirgt, ist dies schwerer zu merken, als wenn man sich www.gfw.de nennte.
Es lassen sich auch aus Leserbriefen, deren Inhalt Rückschlüsse auf den Verfasser zuläßt, oder durch Mitgliedslisten von Vereinen und Institutionen Adressen von Personen gewinnen, die man brieflich mit Informationsmaterial beliefern kann.

6.3 Desinformation, Fälschung, Gerüchte

Desinformation wird irrtümlich oder gezielt *durch Medien* verbreitet. Es ist möglich, daß Medien bewußt Desinformation betreiben oder die Desinformation von einem Externen unbemerkt in die Medienberichterstattung eingeleitet wird. Der Zweck der Desinformation liegt darin, den Gegner „zu Fehlschlüssen zu bringen, ihm eine falsche Wirklichkeit zuzuspielen".[42] Gezielte Desinformation wurde beispielsweise im Kalten Krieg vom sowjetischen Geheimdienst betrieben.[43] So schrieb die „Neue Zürcher Zeitung" beispielsweise:

„Die Idee, systematisch Desinformation zu betreiben, stammte eigentlich vom KGB, der schon in den fünfziger Jahren die sogenannte Linie A gegründet hatte. Der Buchstabe A stand für ‚aktive Maßnahmen', den sowjetischen Euphemismus für Schmutzkampagnen aller Art. So versorgte man in den sechziger Jahren amerikanische Verschwörungstheoretiker mit Material über eine angebliche Verwicklung der CIA und rechtsextremer Kreise in die Ermordung Präsident Kennedys. [...] Auch die Stasi unterhielt in den fünfziger Jahren für Desinformation ein kleines Referat, damals noch als Anhängsel der auswertenden Abteilung. Sechs oder sieben Offiziere deckten mit Hilfe der von der Roten Armee erbeuteten Nazi-Archive die braune Vergangenheit westdeutscher Politiker und Magistraten auf. Manchmal erfand man kurzerhand eine einschlägige Belastung wie im Fall von Bundespräsident Lübke, den man als KZ-Baumeister verunglimpfte. [...] Die Informanten der Abteilung X [der Stasi] waren oft Journalisten, die als Einflußagenten der SED genehme Berichte publizierten oder nach

42 P. Watzlawik: Wie wirklich ist die Wirklichkeit? 1978.
43 L. Bittman: The KGB and Soviet Disinformation. An Insider's View. 1985.

Ostberlin weitergaben, was sie bei ihren Recherchen etwa von Bonner Politikern erfahren hatten. [...] Nicht immer wußten Journalisten, von wem sie Material für ihre Artikel erhalten hatten, und die Liste der von der Stasi auf diese Weise versorgten Redaktionen liest sich wie ein ‚Who is who?' der linksliberalen Medienszene der Bundesrepublik."[44]
Neben dem Verbreiten von unwahren Sachverhalten dienen Fälschungen von Dokumenten und Bildern der Desinformation, beispielsweise im Zweiten Weltkrieg: „Wie viele von den uns bekannten Bildern dieses Krieges gefälscht wurden, ist nicht annähernd bekannt", heißt es in einem Fachbuch. „Neben der Fotomontage handelt es sich in erster Linie um gestellte Aufnahmen. Das Titelbild der von der Armee herausgegebenen britischen Illustrierten ‚Parade' zeigte z.B. 1943 einen angeblich deutschen Soldaten, der das deutsche Afrikakorps darstellen sollte. Die Bildunterschrift ‚master race' steht im Widerspruch zum Aussehen des Mannes. Die britischen Urheber erklärten zu diesem Bild nach 1945, daß die abgebildete Person ‚die häßlichste Figur war, die man auf den Straßen von Kairo auftreiben und in eine uniformähnliche Verkleidung stecken ließ'".[45]
Gerüchte bilden sich unter bestimmten Rahmenbedingungen (besonders in Krisensituationen mit Informationsdefiziten) oder werden bewußt ausgestreut. Es handelt sich um „das Auftauchen und die Verbreitung von Informationen im gesellschaftlichen Organismus, die entweder von den offiziellen Quellen noch nicht öffentlich bestätigt sind oder von diesen dementiert werden".[46]
Man kann Gerüchte nie wirklich überprüfen, da keine wirkliche Quelle genannt wird. Gerüchte werden um

44 NZZ 9. 9. 2003
45 A. Jaubert: Fotos, die lügen. 1989.
46 J. N. Kapferer: Gerüchte. Das älteste Massenmedium der Welt. 1996.

so mehr geglaubt, je mehr sie dem ohnehin Erwarteten entsprechen oder bereits bestehende Meinungen verstärken. Für die Briten streute im Zweiten Weltkrieg beispielsweise der Agent David Walter Gerüchte aus, der offiziell Zeitungskorrespondent im neutralen Lissabon war, um Deutschland zu schädigen. Die Gerüchte wurden in London von Experten erdacht, und Walter streute sie über andere Korrespondenten aus.[47] Die wirksamste Gegenmaßnahme ist die Namhaftmachung des Urhebers eines Gerüchtes. Dabei sollte der Inhalt eines Gerüchtes, das bekämpft wird, nicht vollständig wiederholt werden.

Und wie schützt man sich gegen Desinformation und Gerüchte, wenn man auf wahre und gesicherte Informationen angewiesen ist, obwohl lügende Journalisten längst Realität und keine Spezialität des KGB sind[48] (z.B. weil man daraus politische Forderungen ableiten will)? Bei jedem Teilnehmer an der Erzeugung, Verarbeitung und Sendung von Informationen kann Interesse bestehen an

- unbewußter Interpretation/Auswahl,
- zielgerichteter Interpretation/Auswahl,
- Teilfälschung,
- Totalfälschung,
- Inszenierung (das Ereignis hätte ohne das Ziel Berichterstattung gar nicht stattgefunden).

Dagegen hilft eine fundierte Recherche, sich zurechtzufinden. Zunächst verlangt die Recherche die Formulierung des Recherchezieles (Was soll bis wann herausgefunden werden?) und der ausgesuchten Quellen (Welche Quellen, z.B. Medien, will ich zu Rate ziehen?). Gerade im Internet verhindert dieser Ausgangspunkt das Verzetteln durch Springen von

47 S. Hartwig: Konflikt und Kommunikation. Berichterstattung, Medienarbeit und Propaganda in internationalen Konflikten. 1999.

48 U. Ulfkotte: So lügen Journalisten. 2001.

Quelle zu Quelle und unnötige Zeitverluste. Es muß auch festgelegt werden, ob es sich um eine einfache Recherche, eine Parallelrecherche (mindestens zwei Rechercheure arbeiten mit dem selben Ziel unabhängig voneinander) oder eine Nachrecherche (es wird eine zweite Recherche mit dem selben Ziel durchgeführt) handeln soll. Für jede Quelle sollte ihre Verläßlichkeit (z.B. durch weitere Recherche – z.B. kann man einen Fachmann fragen, wen er befragen oder von wem er lesen würde) und zweitens die Verläßlichkeit der Aussage bewertet werden (haben z.B. andere Quellen etwas ähnliches berichtet?). Hinweise auf Desinformation können sein:

- Inszenierung von Ereignissen (hätte das Ereignis auch ohne Berichterstattung stattgefunden?)
- Keine Angabe und Erreichbarkeit von Autoren und/oder Verantwortlichen
- Zitierte Zeugen sind nicht klar identifizierbar und/ oder nicht unabhängig bzw. mit Eigeninteressen (Name, Ort, Grund des Zeugnisses, z.B. Mitarbeiter, Augenzeuge eines Unfalles oder Behördenangehöriger)
- es wurden nicht mehrere Positionen/Parteien in vergleichbarer Weise berücksichtigt,
- die Berichterstattung erfolgt ungewöhnlich schnell (Hinweis auf vorproduziertes PR-Material)
- die Informationen und die Qualität ihrer Aufbereitung ist ungewöhnlich dicht (Hinweis auf übernommenes PR-Material)

6.4 Ad Personam-Technik

Es ist schlimm, aber es funktioniert: Man kann aus fast jedem Konflikt, egal, worum es geht, einen persönlichen Konflikt machen. Dies kann zwei Gründe haben: Entweder man ist im Unrecht und will den Konflikt so eskalieren lassen, daß eine sachliche Besprechung oder Lösung unmöglich wird, oder man will die Gegenposition so erschüttern, daß deren Anliegen nicht mehr vermittelbar ist. Ein typisches Beispiel ist heute der Vorwurf „Populist“ zu sein oder „Rechtsradikaler“ bzw. „Nazi“. Dies kann anhand einer ganzen Reihe von schwer diskutier- und widerlegbaren Kriterien „bewiesen“ werden. Klassisch ist auch der Vorwurf, etwas aus Ehrgeiz oder Eitelkeit zu tun. Andererseits sind Vorwürfe wie Homosexualität oder Drogenmißbrauch – in geringerem Maße trifft das auch für Linksradikalismus zu – heute eher unwirksam, da sich die Einstellung dazu in Richtung Tolerierung geändert hat. Die Technik ist einfach: Man behauptet, jemand sei „umstritten“ (wer ist das nicht?), werde von Dritten einer negativen Eigenschaft oder Verhaltensweise verdächtigt (nicht genannte oder nur allgemein bezeichnete andere Personen „halten ihn für ...“ oder „kritisieren die Partei als ...“) oder sei bereits durch dies oder das aufgefallen (z.B. durch aus dem Zusammenhang gerissene oder verkürzte und sinnentstellende Zitate). Allerdings funktioniert bei bestimmten Schemata auch eine plumpe Falschdarstellung. So berichteten zahlreiche Medien, der bundesdeutsche Abgeordnete Martin Hohmann habe „die Juden als Tätervolk“ bezeichnet. Wie auch immer seine Rede zu bewerten war – er hat ausdrücklich das Gegenteil dessen behauptet. Diese Affäre bietet auch ein zweites Beispiel für die „ad Personam-Technik“, denn der damalige Verteidigungsminister Struck entließ General Reinhard Günzel, der Hohmann zugestimmt hatte, mit Worten wie „verwirrt“ und „unehrenhaft“. In beiden Fällen spielte es keine Rolle, daß das Zitat falsch und der General keineswegs verwirrt war. Wie ein Verwirrter an die Spitze der Elitetruppe „Kommando Spezialkräfte“ vorstoßen konnte, wurde auch nicht hinterfragt. Die Hauptsache war, beide politisch auszuschalten, und dazu genügte der Vorwurf des Rechtsradikalismus.[49]

49 F. Schenk: Der Fall Hohmann. 2004. Vgl. auch A. Hoffmann: Warum Hohmann geht und Friedmann bleibt. 2005.

Gerade die Hohmann-Affäre ist aber auch ein Beispiel für politischen Gegendruck, den einzelne mit Alleingängen und Initiativen aufbauen. Wochenlang kursierte die Hohmann-Rede im Internets und tausende wütende Menschen griffen die CDU mit Briefen, Anrufen und Faxen an, sodaß die Partei außer durch einen hilflos scheinenden Brief von Angela Merkel, den alle zugeschickt bekamen, die sich negativ äußerten, nicht hundertprozentig handlungsfähig war. Jedenfalls war bei Telefonanrufen an verschiedenen Stellen anhand der inkonsistenten Antworten deutlich, daß es entweder keine Argumentationshilfe, keinen „Sprech" gab oder man sich nicht daran hielt. Die „Frankfurter Allgemeine Zeitung" beschrieb: „Seit die Tagesschau vor zwei Wochen über die Rede berichtete, reißt die Welle der Anrufe, Briefe und E-Mails an die Fraktionsführung, die Abgeordneten und die Parteizentrale nicht mehr ab. [...] Die Empörung [...] sei etwa nicht nur auf Hessen [Homanns Heimat] beschränkt, sondern flächendeckend. [...]. So etwas an Empörung haben wir noch nie erlebt, 95 Prozent der Anrufe und Mails verteidigen Hohmann'."[50]

In ähnlicher Weise schaltete die Gesellschaft für Wehr- und Sicherheitspolitik (GfW) offensichtlich einen unliebsamen Redner von ihren Veranstaltungen aus: Der konservative Ex-General Gerd Schultze-Rhonhof wurde scheinbar bezichtigt, in seinem neuen Buch[51] die „Kriegsschuld" Deutschlands zu relativieren; man veranlaßte einen Sektionsleiter (den Verantwortlichen auf Ortsebene), den General als Redner auszuladen, denn seine Thesen seien „umstritten". Die konstruierte Nähe zum Rechtsradikalismus reichte aus, um vielen Sektionsleitern plausibel zu

50 Frankfurter Allgemeine Zeitung, 14. 11. 2003: „An der CDU-Basis ist die Hölle los".

51 G. Schultze-Rhonhof: 1939 - Der Krieg, der viele Väter hatte. 2003.

machen, daß eine de facto wie ein Redeverbot wirkende Beschränkung begründet sei.
Beliebt gegenüber der Wirtschaft ist nach wie vor der Vorwurf des rücksichtslosen Gewinnstrebens. So beschreibt der damalige Greenpeace-Chef, wie die Organisation Hersteller von FCKW angriff: „‚Alle reden vom Klima, wir ruinieren es', stand da neben den Fotos des damaligen Hoechst-Chefs Wolfgang Hilger und seines Kollegen Cyril van Lierde von der Kali-Chemie Hannover. Wir haben nur wenige Exemplare geklebt [dieses Plakates] und waren kurz darauf Thema in der gesamten deutschen Presse. Das war der Anfang vom Ende der deutschen FCKW-Produktion."[52] Mit diesem Beispiel wird nicht nur klar, wie bewußt der Tabubruch und der aggressive persönliche Angriff gesucht werden, sondern auch, wie wenig man eigentlich tun muß und wie wenig eine plakative Behauptung stimmen muß, um Medieninteresse zu entfachen.
Ad Personam-Argumentation ist kaum abzuwehren, man sollte sie in jedem Fall beim Namen nennen und Vermutungen zum Hintergrund artikulieren. Wo solche Maßnahmen belegbar und widerlegbar sind (beispielsweise durch Zeugenaussagen), kann man juristische Maßnahmen einleiten und sollte diese dann auch – zur Abschreckung – bekannt machen. Eines der wichtigsten Gegenmittel – wie gegen alle „dirty tricks" – ist der Schutz von Informationen. Je weniger bekannt ist über eine Person (Wohnort, Arbeitsplatz, Abwesenheiten, persönliche Schwächen, Lokale, in denen verkehrt wird etc.), desto weniger kann sie ein Gegner nutzen, um ihr Schaden zuzufügen. Bei schutzwürdigen Informationen (das sind alle, die einen Menschen in irgendeiner Weise verletzlich machen) gilt immer und überall (z.B. auch im Internet,

52 Die Kunst der Kampagne. Harvard Business Manager März 2005.

bei nicht gut bekannten oder redseligen Menschen etc.): Vorsicht!
Wenn ein Konflikt bereits personifiziert ist, kann man mit der Diffamierung des Gegners noch eine Stufe weiter gehen. Diffamierung bezeichnet den unberechtigten Vorwurf negativer Eigenschaften und hat zum Ziel, eine Person moralisch zu diskreditieren. Extremfälle treten in Kriegen auf, um Gewaltanwendung zu legitimieren. Ein Beispiel dafür bieten die alliierten Vorwürfe gegen die Deutschen im Ersten Weltkrieg: „Diese scheinbar faktischen Berichte [der Alliierten] beschrieben, wie sich deutsche Soldaten in Massakern und Folterungen, Vergewaltigungen und anderen spezifischen Brutalitäten ergingen ... Die Horrorgeschichten der Kommission, die sich später als unhaltbar erwiesen, fanden großen Anklang vor allem in englischen und französischen Zeitungen, die die Deutschen bald zu ‚Hunnen' und ‚wilden Horden des Dschingis Kahn' stilisierten."[53] Die Methode funktioniert auch heute: So wird eine rechte Einstellung von Medien gerne grundsätzlich mit Brutalität, Dummheit, uniformierten Glatzköpfen und Bierseligkeit gleichgesetzt.
Besonders gefährlich ist die „ad Personam-Technik" in der Wirtschaft und im Wahlkampf. So berichtete Spiegel online (25. 8. 2004), daß die Beratergruppe des damaligen Präsidentschaftskandidaten George Bush für die Wahl 2004 auf einen „Mann fürs Grobe" zurückgriff. Dieser Wahlkampf-Manager organisierte offensichtlich eine Gruppe von Vietnamveteranen, die Bushs Gegner Kerry als Feigling und Lügner diffamierten. Dazu nutzten sie einen uralten Vorwurf (einen Mann als Feigling darstellen), eine uralte Methode (plausible Zeugen diese Schmutzarbeit tun lassen) und einen ebenso alten Trick (sich selbst davon

53 M. Beham: Kriegstrommeln. Medien, Krieg und Politik. 1996.

distanzieren). Und genau so wie immer blieb etwas von dem „Dreck“ hängen, mit dem Kerry beworfen worden war.

Verfeindete Wirtschaftsunternehmen oder Nicht-Regierungsorganisationen im Kampf gegen Wirtschaftsunternehmen setzen im Rahmen der „ad Personam-Technik“ gerne die Strafanzeige ein (wobei es natürlich ebenfalls verboten ist, unter falschen Anschuldigungen Anzeige zu erstatten). So berichtete die Financial Times Deutschland (12. 11. 2003): „Aktenzeichen für den Rufmord. Wer Managern schaden will, stellt Strafanzeige. Die Medien erledigen den Rest.“ Über den Fall eines Managers, gegen den zwar mit großem Medieninteresse Ermittlungen angestellt wurden, die jedoch kurz darauf beendet wurden, heißt es: „Ende vergangener Woche kapitulierten die Ermittler jedoch. Es gab keinerlei Anhaltspunkte für Straftaten. Findige Zeitungsleser erfuhren davon im Kleingedruckten ... Der Autismus vieler Medien fördert eine um sich greifende Unsitte: Aus der Anonymität heraus wird Hatz auf Manager gemacht. Fehlspekulanten, Neider, Besserwisser, Berufsdenunzianten machen die Strafanzeige zum Schwert und bedienen sich dabei der Presse. Mag es aufgrund weit hergeholter Vorwürfe auch noch so aussichtslos sein, Manager strafrechtlich zu packen: Wenigstens kann man ihnen und ihren Unternehmen durch öffentlichen Verdacht schaden.“

6.5 Selbstzitierung

Wenn eine unabhängige Stimme die eigene Position unterstützt, wirkt das glaubwürdiger, als wenn man alleine dafür eintritt. Es kann aber sein, daß die eigene Position entweder so umstritten ist, daß sich kein Unterstützer traut, die gleiche Position zu beziehen, oder es kann sein, daß es schlicht keinen Unterstützer gibt. In diesem Fall bietet es sich an, sich einen

„unabhängigen Unterstützer" zu schaffen, also sich selbst zu zitieren. Zwei Beispiele verdeutlichen, was Selbstzitierung bedeutet:
Eine Metzgerei im Rheinland hängte als Antwort auf Medienskandale um verdorbenes Fleisch im Geschäftsraum Zeitungsartikel über die sie beliefernde Schlachterei aus. Darin stand, daß diese Fleischerei ein modernes, äußerst hygienisch arbeitendes Unternehmen sei und mehr tue, als gesetzliche Standards zu erfüllen. Ein lokaler Politiker war beim Besuch der Fleischerei abgebildet, und ein Zitat von ihm beschrieb das Unternehmen als modern und erfolgreich. Abgesehen davon, daß diese Aussagen inhaltlich nicht zwingend bedeuten, daß der Verkauf verdorbenen Fleisches unmöglich ist, stammte der Artikel aus einem Anzeigenblatt, in dem man Berichterstattung – teilweise mit dem Hinweis „Anzeige" – kaufen kann. Hier war der Hinweis abgeschnitten. Er befand sich oben rechts auf der Seite, und der Bericht begann darunter. Die Fleischerei hatte in dem Blatt den Artikel für wenige hundert Euro gekauft. Dann hatte man den Metzgereien, die man belieferte, diesen Artikel und einige andere, die allgemein Hygienemaßnahmen beschrieben, mit der Bitte geschickt, sie den Kunden zugänglich zu machen. Dieser Werbeartikel hatte zwar keinerlei Beweiskraft, vermittelte aber dennoch das Bild, die „unabhängige" Presse gibt diesem einen Unternehmen eine Art Unbedenklichkeitsbescheinigung ab. Weil die Metzgerei auf die Wirkung der scheinbar unabhängigen Meinung vertraute, hat sie nicht selbst auf eigenem Briefpapier erklärt, gute Qualität zu liefern, sondern sie hat dafür einen anderen bezahlt und den eigenen Einfluß auf ihn unsichtbar gemacht.
Ein Unternehmen A und ein Wettbewerber B bekämpften einander in Österreich hart und diskreditierten dazu auch die Produkte des anderen. An-

griffspunkt bei einem wichtigen Produkt von B war ein bestimmtes chemisches Verfahren bei der Herstellung, das umstritten, aber gesetzlich zulässig war. A wollte aus mehreren Gründen nicht direkt mit einer Kampagne gegen dieses Produkt von B vorgehen: Erstens fürchtete man sich vor möglichen Klagen wegen Geschäftsschädigung, zweitens stand man unter genauer Beobachtung von B, und mögliche mehrstufige Kampagnen hätten schon frühzeitig A zugeordnet und rechtlich gestoppt werden können und drittens hätten die Verbraucher A möglicherweise nicht geglaubt, weil man natürlich Eigeninteressen von A hätte vermuten können. Deshalb suchte A eine Umweltgruppe, die sich unabhängig von diesem Konflikt kritisch mit dem von B verwendeten Verfahren auseinandersetzte. Zwar wurde man fündig, jedoch verfügte diese Initiative nicht über große finanzielle Mittel. Deshalb tätigte A erstens eine Spende an die Initiative, um diese positiv zu stimmen und finanzierte zweitens eine Kampagne (Pressemitteilung, Broschüre, Aktion mit einer Beratungshotline, Internetseite etc.), in deren Mittelpunkt das umstrittene Verfahren stand. A selbst trat nicht in Erscheinung. Die Kampagne war erfolgreich, aber A ging noch weiter und zitierte nun in seinen eigenen Medien die Aussagen der Initiative, die man selbst maßgeblich beeinflußt hatte, als sozusagen unabhängige dritte Meinung. Damit war man weniger angreifbar und scheinbar auch nicht alleine mit der Einstellung gegenüber dem Stoff.

Beide Beispiele zeigen, was man mit Selbstzitierung erreicht: Man verschafft sich scheinbar Belege für eigene Aussagen und kann diese dennoch weitgehend kontrollieren, man vergrößert scheinbar die eigene Zahl, man ist rechtlich und moralisch kaum angreifbar, man verschafft sich scheinbar Zustimmung von Experten oder Betroffenen, die schwer widerlegt werden kann, und man sichert der eigenen Position unabhängige und scheinbar unabhängige Parteigänger (nämlich in den Beispielen erstens die Leser und zweitens die Zeitung bzw. die Initiative).

6.6 Flüsterpropaganda

Die Sowjets und andere betrieben Flüsterpropaganda, um ganze Staaten zu destabilisieren; sie läßt sich aber auch in wesentlich geringerem Maßstab einsetzen: z.B. in Unternehmen oder Vereinen. Flüsterpropaganda bedeutet, bestimmte Kernbotschaften systematisch anhand verschiedener Beispiele und Geschichten über einzelne „Einflüsterer“ zu verbreiten, also über Einzelpersonen und nicht über Medien. Dazu werden zunächst Zielgruppen und Botschaften definiert.
Ein Beispiel: Ein Betriebsrat will gegen die Unternehmensleitung vorgehen

- *Zielgruppe*: die Belegschaft eines Unternehmens
- *Botschaft*: Der neue Vorstand dieses Unternehmens plant einen umfangreichen Arbeitsplatzabbau und ist primär an dem eigenen Fortkommen und möglichst großer Rendite für die Eigner interessiert.
- *Problemstellung*: Der Betriebsrat kann dies nicht offen verbreiten – erstens, weil es nicht stimmt, und zweitens, weil es, selbst wenn es stimmen würde, so gut wie nicht belegbar wäre. Damit würde er sich Gegenmaßnahmen aussetzen.
- *Lösung*: Wenn aber Betriebsratsmitglieder während der Mittagspause, am Rande einer Besprechung oder auch im Bekanntenkreis oder in der Straßenbahn scheinbar unter sich über den neuen, noch größeren Dienstwagen des Vorstandsvorsitzenden sprechen, über die Höhe von seiner Pensionsleistungen oder den enormen Gewinn des Unternehmens angesichts der stagnierenden Löh-

ne, werden sie Zuhörer haben, die diese Themen weitertragen. Man vermutet durch die scheinbare Privatheit des Gesprächs keine böse Absicht und schreibt dem Betriebsrat Detailkenntnisse zu. Wenn diese Gespräche sich häufen und andere „Kronzeugen“ hinzukommen (beispielsweise klagt jemand aus der Arbeitssicherheit über „unnötige und gefährliche zum Nachteil der Mitarbeiter“), kann die Position des Vorstandes stärker unterminiert werden, als durch offizielle und belegbare Vorwürfe – vor allem, weil man sich dagegen kaum schützen kann. Flüsterpropaganda arbeitet bewußt mit menschlichen Eigenschaften wie Neugier, Neid, Angst oder Habgier und gewinnt damit an Zuhörern, die die gewünschten Aussagen weitertragen.

Man erkennt die Bedeutung der Flüsterpropaganda auch daran, daß Wirtschaftsunternehmen diese Idee aufgegriffen haben. So beschreibt das Handelsblatt, wie US-Firmen Agenturen anheuern, die Produkte auf diesem Wege – genannt „Werbung nach dem Schneeballprinzip“ – verdeckt anpreisen: „Die Agentur mit der summenden Biene als Logo will durch Mundpropaganda Aufmerksamkeit für bestimmte Marken schaffen. Und so machten sich die Agenten für die Al Fresco-Würstchen ans Werk. Sie organisierten Grillfeste, priesen die neue Wunderwurst in Supermärkten und Grillstuben, erzählten Freunden davon, fragten an Kiosken nach der Wurst. ‚Wir sind wie eine Lawine. Kommen wir erst ein-

UFA-Film 1940

mal ins Rollen, sind wir nicht zu stoppen'." Dieses Beispiel beweist einen wichtigen Punkt in der Flüsterpropaganda: Sie ist nicht nur deshalb wirkungsvoll, weil sie von Mensch zu Mensch weitergegeben wird, sie ist auch deshalb wirkungsvoll, weil sich Botschaften in dramatischer Geschwindigkeit weiterverbreiten können: Denn selbst, wenn jeder nur mit zwei Personen spricht, überzeugt ein neuer „Sender" einer Botschaft auch wieder zwei weitere und diese wieder jeweils zwei und so weiter. Man kann deshalb tatsächlich von einer Lawine sprechen.

6.7 Sachschaden und Körperverletzung

Dieses Kapitel soll über zwei seltene Phänomene aufklären: Sachschaden und Körperverletzung. Lassen wir uns von diesen Erläuterungen nicht einschüchtern. Tatsache ist: Wir leben nicht im Wilden Westen, und beides kommt selten vor. Aber wir sollten davon und von Abwehrmaßnahmen schon gehört haben.

Bestimmte politische Gruppen nutzen Sachbeschädigung (und auch Körperverletzung) als gezieltes Mittel der politischen Auseinandersetzung und der Eroberung von öffentlichem Raum und Öffentlichkeitswirksamkeit. Damit es keine Mißverständnisse gibt: Der Verfasser lehnt dieses strafbare Verhalten entschieden ab und verurteilt es. Tatsache ist aber, daß die Kenntnisse über die Konfliktform vergleichsweise schwach ausgeprägt sind – jedenfalls kann es kein Zufall sein, daß Medien und Öffentlichkeit oft darauf hereinfallen. Dazu einige Beispiele:

Jedes Jahr in der Nacht zum 1. Mai randalieren in Berlin Linksextremisten und zunehmend junge Ausländer, um den Staat herauszufordern. Es werden Autos angezündet und Geschäfte geplündert, Polizisten verletzt (2004: 192) und Passanten verprügelt. Polizeiführung und Medien bewerten es heute als erfolgreich, wenn es weniger gewalttätig zugeht als im

Vorjahr. Die Medien berichten dies nicht eindeutig negativ. Insbesondere den Verursachern nahestehende Medien lassen es zumindest dahingestellt sein, wer die Auseinandersetzungen begonnen hat. Kurz gesagt erstreiten sich die Verursacher mit ihrer regelmäßig wiederkehrenden Gewalttätigkeit einen Platz in der öffentlichen Wahrnehmung, ziehen dadurch Sympathisanten an und werben für ihre Ideen. Etwas verkürzt und von weiteren Effekten abgesehen ist das genau die Art von Kommunikation, die Terroristen betreiben.

Bei bestimmten Demonstrationen von rechten Gruppierungen treten Linksextremisten derart gewalttätig auf, daß die Gesamtveranstaltung (rechte Kundgebung, linke Gegenkundgebung und Polizeieinsatz) zu umfangreicher Negativberichterstattung führt, Dienstleister ihre Leistungen verweigern (beispielsweise Busunternehmen oder Gaststätten aus Angst vor Zerstörungen nicht fahren bzw. Räume kündigen), die Polizei massiv eingreifen muß, Demonstrationsverbote ausgesprochen werden und das eigentliche Anliegen in den Hintergrund gerückt und auf die Gewalttätigkeit reduziert wird. Konsequent betrieben nimmt man damit dem politischen Gegner die Öffentlichkeitswirkung – es sei denn, er organisiert sich konspirativ. Dann allerdings kann er kaum Öffentlichkeitswirksamkeit entfalten. Das Ziel der Gegendemonstranten ist erreicht.

Globalisierungsgegner nutzen internationale Spitzentreffen, um auf sich aufmerksam zu machen: „Mit dieser neuen Qualität des Widerstandes wollen die Linksextremisten auffallen, um weitere Aktivisten für ihren Kampf zu gewinnen", wie ein niedersächsischer Verfassungsschützer analysiert. Auf der Tagung des Internationalen Währungsfonds in Prag (2000) versuchten die Gewalttäter, zum Tagungsort vorzudringen; es gelang ihnen, die Konferenzteilnehmer für einige Stunden am Verlassen des Gebäudes zu hindern. Linksradikale bedienen sich aller verfügbaren Medien (Mobiltelefon, Internet, Plakate, Untergrundzeitschriften, Handzettel, die in der Szene kursieren, sowie Mundpropaganda in einschlägigen Lokalen), üben Straßenkampf in Trainingslagern und versuchen, Stärke und Strategie der Polizei aufzuklären, um entsprechend zu reagieren. Organisationen wie Attac und Linksruck organisieren Reisen zu solchen Gipfeln zu Preisen ab 50 Euro.

Linksextremisten sind in der Regel dezentral organisiert und operieren auf Demonstrationen in Trupps von drei bis fünf Aktivisten teilweise mit „hit-and-run-Strategie" (Gewaltaktionen punktuell begehen und dann in der Masse friedlicher Demonstranten untertauchen). Diese Strategie dient dazu, in kurzer Zeit möglichst hohen Sachschaden bei geringer eigener Gefahr anzurichten. Sie profitieren davon, daß friedliche Demonstranten sich nicht von ihnen distanzieren, sondern sie gegen Festnahmen abschirmen.

Das vierte Beispiel sind die vielen kleinen Beschädigungen und Bosheiten, die eine unerwünschte Organisation Geld und Geduld kosten: Man klebt Türschlösser mit Sekundenkleber zu, verschmutzt den Briefkasten, schleudert Farbbeutel an Hauswände, Steine gegen die Scheiben und zerstört und vernichtet bei Einbrüchen Daten, Ausrüstung wie Computer und Inneneinrichtung. So findet man viele Korporationshäuser in Städten mit starker linksorientierter Studentenschaft im Straßenbild anhand der Farbspritzer an den Wänden leicht heraus (z.B. in Göttingen). Besonders perfide sind die Anschläge auf Denkmäler, die schließlich dazu führen, daß diese aus dem Straßenbild verschwinden. Es gibt viele Beispiele für das Beschädigen von Kriegerdenkmälern, die man schließlich amtlicherseits verschwinden läßt. Zusammen mit Kampagnen wie „Soldaten sind Mörder"

sind solche langfristig wirkenden Maßnahmen geeignet, Straßenbild und Einstellung der Menschen zu verändern.
Was kann man gegen Sachbeschädigung und Körperverletzung tun? Viel, auch wenn man sich auf den ersten Blick oft von Polizei und Staat alleingelassen vorkommt. Also: Lassen wir uns nicht einschüchtern. Erstens kommt so etwas nur selten vor. Zweitens kann man Körperverletzungen und Sachbeschädigungen dokumentieren, zum einen nachher durch Fotos, Arztbesuche und Atteste etc. und zum anderen während dieser Taten beispielsweise durch auf Demonstrationen mitgeführte Fotoapparate, angebrachte Videokameras oder wachsame Nachbarn, die sich Autonummern notieren und Gesichter merken. Man kann die Anfahrt, Abfahrt und den Verbleib bei Veranstaltungen so regeln, daß man Risiken weitgehend ausschließt.
Jedes Jahr stören Linksextreme beispielsweise die Gedenkfeier der Gebirgsjägertruppe im bayrischen Mittenwald und belästigen alleinreisende Teilnehmer. Man kann erstens durch Vermeidung von Verbändezeichen auf Autos oder Bussen oder durch Benützung bewachter, wenn möglich umzäunter Parkplätze verhindern, daß es zu Beschädigungen kommt. Man kann zusätzlich durch geschlossene Gesellschaften in Lokalen den Zutritt von unerwünschten Personen verhindern, und schließlich durch gemeinsamen Auftritt (statt alleine – die gefährlichsten Phasen sind bei Einzelpersonen An- und Abreise mit öffentlichen Verkehrsmitteln) Präsenz zeigen und sich gegenseitig helfen. Natürlich sollte man auch der Polizei genau mitteilen, was man zu tun gedenkt und wo sich dies abspielen soll, damit diese für Schutz sorgt. Allerdings führt das oft dazu, daß diese dann Teile der Veranstaltung ganz streicht. Zuletzt empfahl die Polizei den Heidelberger Korporationen wegen linker

Demonstranten, in der Nacht zum 1. Mai nicht – wie es Tradition ist – um Mitternacht das Haus zum Maiansingen zu verlassen, sondern unter Ausschluß der Öffentlichkeit auf den Korporationshäusern zu verbleiben.
Bei polizeilichen Maßnahmen gegen Störungen von Veranstaltungen müssen Bedingungen erfüllt sein: Die Versammlung muß genehmigt oder genehmigungsfrei und im Gange sein (eröffnet, nicht beendet), und es bedarf zuvor der ausdrücklichen Aufforderung der Veranstalter (die eigene Möglichkeiten erschöpft haben müssen) wie mehrmalige Aufforderung an die Störer, die Versammlung zu verlassen.
Im Vorfeld hilft am besten Informationsschutz. Informationsschutz und Öffentlichkeitsarbeit sind kein Widerspruch. Wenn Sie erreichbar sein und trotzdem Ihre Ruhe haben wollen: Nutzen Sie Postfächer statt Privatadressen, Mobiltelefone statt Festnetzanschlüsse, E-Post-Adressen, die nicht den ganzen Namen erkennen lassen, usw.

6.8 Unterwanderung

Auch Unterwanderung kommt relativ selten vor. Wir sollten aber dennoch wissen, was darunter zu verstehen ist. Leute, die in eine Gruppe eintreten, um sie – unter Vorspiegelung falscher Tatsachen – zu instrumentalisieren, unterwandern diese Gruppe. Sie sind gefährlich, weil sie verschiedene gefährliche Dinge tun können: Sie können die Gruppe in eine falsche Richtung leiten, sie können bewußt so provokant auftreten, daß man rechtliche Probleme bekommt, sie können Interna weitergeben oder Erfundenes verbreiten, sie können in die Kasse greifen, sie können die Gruppe spalten oder durch Streit lähmen, sie können Leute abwerben. Lenin erklärt dies folgendermaßen: „Man muß zu allen und jedem Opfer entschlossen sein und sogar, wenn dies notwendig ist, zu allen möglichen Kniffen, Listen, illegalen Methoden zur Verschweigung, Verheimlichung der Wahrheit bereit sein, um nur in diese Organisationen hineinzukommen, in ihnen zu bleiben und mit ihnen um jeden Preis kommunistische Arbeit im Dienste der Weltrevolution zu leisten". Für die Kommunisten war und ist die Unterwanderung nichtkommunistischer gesellschaftlicher Organisationen eine wichtige Maßnahme. Fast alle Wirkungen des Tuns solcher Unterwanderer kann man aber feststellen und auch Personen zuordnen. Diese Personen müssen dann so schnell wie möglich entfernt werden. Nur gegen eine Sache kann man nicht ohne weiteres vorgehen: den heimlichen Verrat. Dagegen schützt man sich mit ein paar simplen Grundregeln:

- Rede nicht über Interna und propagiere selbst das Ziel Verschwiegenheit.
- Achte darauf, was du gefragt wirst und antworte gegebenenfalls nicht, wenn es deinem Vorhaben gefährlich ist.
- Habe keine Schwächen, mit denen man dich zwingen kann, Dinge zu tun, die du nicht tun willst, kurz: Sei nicht erpreßbar.
- Laß dir nichts schenken, laß dir keinen Gefallen von Leuten erweisen, denen du nichts schuldig sein willst.
- Sei vorsichtig mit der Angabe deines Namens und deiner Adresse (besonders im Internet).
- Rechne mit allen technischen Möglichkeiten, dich zu beobachten und dir zuzuhören, und durchkreuze sie mit „simplen" Mitteln (z.B. Brief statt E-Post, Treffen statt Anruf, kein Tagebuch über alles, was du tust und denkst).
- Schütze deine Daten mit geeigneten Paßwörtern, vernichte wichtige Papiere mit dem Schredder (und gib sie nicht in den Müll), führe Besprechungen

abgeschirmt und besprich Vertrauliches nicht in der Öffentlichkeit.
- Vermeide verbotenes Material (wer weiß, warum man es dir zuspielt?).

Übrigens gibt es Handbücher mit weiteren Tips.[54] Natürlich steht nicht hinter jedem Baum ein Gegner. Es ist deshalb unnötig, übermäßig besorgt zu sein, und diese Sorge soll und darf nicht von der politischen Arbeit abhalten. Aber besser, man weiß, was *schlimmstenfalls* passieren kann. Mit etwas Vorsicht kann man beruhigt sein.

6.9 Ziviler Ungehorsam

Der Begriff „Ziviler Ungehorsam" bezeichnet einen in der Regel weitgehend gewaltfreien, bewußten Verstoß gegen ein Gesetz oder eine andere Pflicht eines Staates oder einer anderen Macht. Der zivile Ungehorsam ist damit in der Regel keine erlaubte Taktik, obwohl seine Anwender leider oft straffrei ausgehen. Ziviler Ungehorsam kann sich unterschiedlich äußern als Verweigerung der Steuerzahlung oder des Militär- und Zivildienstes, als Sitzblockade gegen staatliche Einrichtungen (z.B. Militärdepots, Kasernen, Ämter und Behörden) oder als Teilnahme an verbotenen Demonstrationen (z.B. in der Bannmeile von Parlament oder Veranstaltungsorten).
Auf dem Höhepunkt der vielfach vom ehemaligen Ostblock verdeckt finanzierten Friedensbewegung gewann der zivile Ungehorsam wieder an Bedeutung. Heute versuchen primär Linke, diese Tradition aufzugreifen, um sie z.B. im Rahmen von Anti-

---

54 Zum Beispiel: V: Der Mafia Manager. Das Management Lehrbuch der etwas anderen Art. Wien 1997. K. Melton u. a.: The Spy's Guide: Office Espionage. Philadelphia 2003 (in Englisch).

globalisierungsbewegungen zu nutzen. Dabei geraten internationale Wirtschaftsinstitutionen wie der Internationale Währungsfonds und die Weltbank sowie Unternehmen in den Mittelpunkt der oft auch gewalttätigen Kritik. Die Teilnehmer und Führer solcher Aktionen sind oftmals straff organisiert und gut in Gesprächs- und Demonstrationstaktiken geschult. Bemerkenswert ist erstens, daß diese Protestbewegungen inzwischen eine Subkultur eigener Medien und Veranstaltungen gebildet haben und damit ihren Sympathisanten ihr Bild von Themen und Ereignissen ungefiltert vermitteln können, und zweitens, daß ihre Positionen zum Teil auch bis in die Mitte der Gesellschaft reichen und Sympathisanten in Politik und Medien ausgeprägt haben.

Man darf bei der Betrachtung dieser Phänomene und ihrer Wirkungen jedoch zwei Dinge nicht außer acht lassen: Erstens gibt es zu jeder Zeit einen relativ stabilen Teil von Aktivisten des linksextremen Spektrums und verwandter Bereiche, mögen es Hippies in den 60er Jahren, Hausbesetzer in den 70er Jahren, Friedensaktivisten in den 80er Jahren oder linke Globalisierungskritiker heute sein, der nicht beliebig zunimmt und ohne breite Unterstützung aufgrund besonderer Ereignisse (z.B. Tschernobyl-Unfall) oder intensive Finanzierung (z.B. durch die DDR) kein Massenphänomen wird. Zweitens berichten zwar Medien über diese Gruppen, jedoch ist das Interesse des Publikums daran ebenfalls nicht unendlich ausdehnbar. Eine linksradikale Kundgebung in Mitteldeutschland gegen die Hartz IV-Gesetze war noch interessant, eine zweite auch, die vierzehnte und fünfzehnte sind es jedoch nicht mehr. Für den Bürger, der sich politisch artikulieren will, wie es diese Schrift beschrieben hat, sind solche Bewegungen keine Konkurrenz. Im Gegenteil. Diese Bewegungen brauchen das weltweite Interesse, d.h. Anlässe wie weltweit beachtete Tagungen oder Ereignisse. Davos, Genf, Seattle oder Salzburg sind ganz normale Städte, an denen die Weltpresse wenig Interesse hat, wenn dort nicht gerade das Weltwirtschaftsforum, die Weltbank oder Ähnliche tagen. Jemand, der dort immer wohnt und über die Zeit seine Medien kennt, seine Bekannten hat und weiß, was er erreichen will, wirkt nachhaltiger als hundert Demonstranten, die einen Tag lang die Innenstadt besetzen und diffuse und unerfüllbare Forderungen äußern. Und zusätzlich läßt es heute die wirtschaftliche Situation oft nicht mehr zu, daß Berufsaktivisten über lange Jahre eben nichts anderes tun, als zu demonstrieren und zu protestieren. Der Bürger aber, der sein geregeltes Auskommen hat, kann – so lange er lebt – aktiv sein – so wie es seine Zeit zuläßt.

Resümee

Die Beispiele haben gezeigt, wie bereits der Einzelne oder eine Kleinstgruppe sich politisch artikulieren kann. Natürlich ist eine einzelne und kurzfristige Aktion nicht geeignet, große politische Entscheidungen alleine zu beeinflussen, aber sie stellt eine wichtige Beteiligung des mündigen Bürgers an Prozessen zur politischen Willensbildung dar. Mehr Erfolg ergibt sich erstens, wenn Maßnahmen miteinander verknüpft werden, d.h. wenn beispielsweise das Flugblatt in der Nachbarschaft verteilt, der Leserbrief und die Pressemitteilung zum selben Thema geschrieben werden und zusätzlich das Gespräch im Bekanntenkreis oder Verein gesucht wird. Mehr Erfolg ergibt sich zweitens, wenn Bürger sich organisieren („vernetzen“) und gemeinsam aktiv werden oder sich an organisierten Aktionen beteiligen und diese in Organisationen anregen. Es bestehen gute Aussichten, daß dann gelingt, was linken Globalisierungsgegnern gelungen ist: Massen-

proteste ergeben sich durch Kooperation vieler Gruppen, auch Kleingruppen; der Wille zur Veränderung und eine gemeinsame Einstellung sind das Bindeglied. Man arbeitet lokal, themenorientiert und engagiert sich in bestehenden Netzwerken.
Die sogenannten Achtundsechziger haben eine Generation lang gebraucht, um sich durchzusetzen. Dies beweist den Erfolg des langen Atems und des beharrlichen politischen Kampfes. Wenn man sich nicht von der „Faschismuskeule" niederstrecken, sich nicht vom politischen Gegner auseinanderdividieren und zu unnötigen Abgrenzungen und Distanzierungen treiben läßt, besteht eine realistische Chance, Politik aktiv mitzugestalten. Dann kommt es auch bei Massenprotesten auf jeden Einzelnen, auf jede kleine Gruppe an.
Die wichtigste Aussage bleibt jedoch: Jeden Tag eine einzelne, wenn auch oft kleine Tat ist wirkungsvoller als die graue Theorie, „was man eigentlich mal machen müßte". Tun Sie es einfach! Der ehemalige bundesdeutsche Kanzler Schröder forderte einen „Aufstand der Anständigen" – den sollen er und seinesgleichen bekommen.

Literatur

- M. Althaus: Kampagne. 2002. ISBN: 382585292X
- R. Greene: Power. Die 48 Gesetze der Macht. 1999. ISBN 3-446-19759-1
- K. J. Groth und J. Schäfer: Stigmatisiert. Der Terror der Gutmenschen. ISBN 3980764451
- T. Hunt: Public Relations Techniques. 1993. ISBN: 0030464331 (in Englisch)
- D. Herbst: Public Relations. ISBN 3464490556
- M. MacYoung: Billige Tricks, Hinterhalte und andere Lektionen. Ein grundlegendes Buch über die Selbstverteidigung. 2001. ISBN 3933253063

- H. Merkle: Lobbying. Das Praxishandbuch für Unternehmen. 2003. ISBN 3896782339
- S. Molcho: Körpersprache. 1996. ISBN 3-442-12667-3
- H. Pürer u. a.: Praktischer Journalismus. Presse, Radio, Fernsehen, Online. 2004. ISBN 3896694588
- M. Schrammer: Verhandeln im Grenzbereich. Strategien und Taktiken für schwierige Fälle. 2001. ISBN 3-430-18068-6
- H. v. Senger: Strategeme. Die berühmten 36 Strategeme der Chinesen.
- Ders.: Die Kunst der List. 2004. ISBN 3-502-15660-3.
- A. N. Shulsky und G. J. Schmitt: Silent Warfare. Understanding the World of Intelligence. 3. Auflage, Dulles/Virginia 2002. ISBN 1-57488-345-3 (Englisch)
- U. Steger: Corporate Diplomacy. Gesellschaftsbewußte Unternehmensführung. 2005.
- Sun Tsu: Wahrhaft siegt, wer nicht kämpft. Die Kunst des Krieges. ISBN 3-492-23330-9
- K. Weißmann: Alles was recht(s) ist. Ideen, Köpfe und Perspektiven der politischen Rechten. ISBN 3702008977
- S. Wachtel. Überzeugen vor Mikrofon und Kamera. 1999. ISBN: 3593361841
- C. M. Wolfschlag: Das „antifaschistische" Milieu. ISBN 3702009329

Bezugsmöglichkeiten sind u.a. folgende Buchdienste:

- Aula Buchdienst: www.dieaula.at
- Bücherquelle Stocker-Verlag, Graz
- Edition Antaios: www.edition-antaios.de
- Junge Freiheit: www.jungefreiheit.de
- Österreichische Landsmannschaft: www.oelm.at

Anschriften:

PR, Investor Relations oder Werbeabteilungen oder die Namen von Vorständen, Aufsichtsräten und Geschäftsführern von Unternehmen können über die Telefonzentrale (notfalls Auskunft anrufen, wenn der Unternehmenssitz bekannt ist), das Internet oder Unternehmenspublikationen (z.B. Geschäftsbericht, Imagebroschüre) ermittelt werden. Naturgemäß tragen oft auch Produkte oder Unternehmensdokumente (wie Rechnungen, Werbebriefe etc.) eine Anschrift und Telefonnummer. Dazu ein Hinweis: Einfach irgendeine briefliche Anfrage an das Unternehmen stellen, egal wie das Antwortschreiben ausfällt, es enthält in der Regel viele Informationen wie Geschäftssitz, Geschäftsführer, Verbindungsdaten und Elemente der Selbstdarstellung nach außen wie die Markennamen, einen Slogan o.ä.

Leserbriefredaktionen, Herausgeber, Chefredakteure oder verantwortliche Journalisten können über das Impressum von Zeitungen und Zeitschriften ermittelt werden. Bei Hörfunk und Fernsehen gibt es Zuschauertelefone. Medien haben außerdem wie andere Unternehmen auch Telefonzentralen, die Adresse und Namen der Geschäftsleitung oder Kontaktmöglichkeiten mit einer Redaktion angeben können.

In der folgenden Liste stehen – wenn nicht anders beschrieben – erstens Kontaktangaben für Leser-, Hörer- oder Zuschauerpost, zweitens Kontaktangaben für die Ansprechpartner im Bereich Innenpolitik. Für die Redaktion Innenpolitik ist nur E-Post angegeben, weil die Postadresse (Straße/Ort) dieselbe ist wie für die Leserbriefe. Die Liste ist sorgfältig überprüft, es können sich jedoch mit der Zeit Veränderungen ergeben. Es wird jeweils davon ausgegangen, daß man vom jeweiligen Staat aus anruft bzw. ein Fax sendet, d.h. es werden vollständige Ortsvorwahlen angegeben, keine Vorwahlen der Staaten.

1. Österreich

ORF Fernsehen
ORF Kundendienst
Würzburggasse 30, 1136 Wien
Tel. 01 - 87 07 0 - 30, Fax 01 - 87 07 0 - 330
E-Post: kundendienst@orf.at
Innenpolitik E-Post: online@orf.at

Publikumsrat des ORF
Der Publikumsrat ist das Nachfolgeorgan der Hörer- und Sehervertretung.
E-Post: publikumsrat@orf.at

Hitradio Ö3
Heiligenstädter Lände 27 c, 1190 Wien
Tel. 01 - 87 07 03 0

Zeit im Bild
E-Post: ZiB1@orf.at bzw. ZiB2@orf.at bzw. ZiB3@orf.at

3 Sat
Allgemeiner Österreich-Kontakt E-Post: 3sat@orf.at
Innenpolitik: 3 Sat, ZDF-Straße 1, 55100 Mainz

Krone Hit (Hörfunk)
Ankerstraße 4, 8054 Graz
Innenpolitik E-Post: redaktion@kronehit.at

Die Presse
Parkring 12 a, 1015 Wien
Tel. 01 - 51 41 40
Innenpolitik E-Post: chefredaktion@diepresse.com

Der Standard
Herrengasse 19-21, 1014 Wien, Tel. 01 - 53 17 00
Innenpolitik E-Post: dieredaktion@derstandard.at

Kurier
Lindengasse 48-52, 1070 Wien
Tel. 01 - 52 10 0 - 26 68,
Fax 01 - 52 10 0 - 27 03
E-Post: leser@kurier.at
Innenpolitik E-Post: innenpolitik@kurier.at

Kronen Zeitung
Muthgasse 2, 1190 Wien
Tel. 01 - 36 01 1 - 35 32
E-Post: leser@kronenzeitung.at
Innenpolitik E-Post: politik@kronenzeitung.at
Innenpolitik Oberösterreich: ooe@kronenzeitung.at

Oberösterreichische Nachrichten
Promenade 23, 4010 Linz;
Tel. 0732-78 05
E-Post: leserbrief@oon.at
Innenpolitik E-Post: redaktion@oon.at und redaktion@nachrichten.at

Salzburger Nachrichten
Karolingerstraße 40, 5021 Salzburg
E-Post: leserforum@salzburg.com
Innenpolitik E-Post: redakt@salzburg.com

Kleine Zeitung
Schönaugasse 64, 8010 Graz
Tel. 0316 - 87 50, Fax 0316 - 87 54 00 4
Innenpolitik E-Post: redaktion@kleinezeitung.at

Tiroler Tageszeitung
Ing. Etzel-Straße 30, 6020 Innsbruck
Innenpolitik E-Post: redaktion@tt.com

Vorarlberger Nachrichten
Gutenbergstraße 1, 6858 Schwarzbach
Innenpolitik E-Post: redaktion@vn.vol.at

Zur Zeit
Engelsberggasse 4
1030 Wien
E-Post: leserbrief@zurzeit.at

Echo
Eduard Bodem-Gasse 6, 6020 Innsbruck
Tel. 0512 - 34 21 70 20
Innenpolitik E-Post: redaktion@echotirol.at

Format
Taborstraße 1, 1020 Wien
Tel. 01 - 21 75 54 60 0
Innenpolitik E-Post: redaktion@news.at

News
Taborstraße 1, 1020 Wien
Tel. 01 - 21 31 2 - 0, Fax 01 - 21 31 21 65 0
Innenpolitik E-Post: redaktion@news.at

profil
Hainburger Straße 33, 1030 Wien
Tel. 01 - 53 47 03 50 2, Fax 01 - 53 47 03 56 0
Innenpolitik E-Post: redaktion@profil.at

APA - Austria Presse Agentur
Laimgrubengasse 10, 1060 Wien; 360 60 - 0

Österreichischer Presserat
Bankgasse 8, 1010 Wien
Tel. 01 - 53 37 97 9, Fax 01 - 40 34 78 0

Auszüge aus dem Ehrenkodex für die österreichische Presse: „Sobald einer Redaktion zur Kenntnis gelangt, daß sie eine falsche Sachverhaltsdarstellung veröffentlicht hat, entspricht eine freiwillige Richtigstellung dem journalistischen Selbstverständnis und Anstand. Wenn zu einem Bericht von Leserseite eine begründete Richtigstellung einlangt, soll diese so weitgehend und so rasch wie möglich veröffentlicht werden. Wenn in einer von einem Medium behandelten Angelegenheit eine wichtige richterliche oder behördliche Entscheidung ergeht oder auf anderem Weg wesentliche neue Gesichtspunkte auftauchen, soll darüber angemessen berichtet werden. Für die Leserinnen und Leser muß klar sein, ob es sich bei einer journalistischen Darstellung um einen Tatsachenbericht oder die Wiedergabe von Fremdmeinung(en) oder um einen Kommentar handelt. Vor der Wiedergabe von Fremdmeinungen sollte deren Stichhaltigkeit überprüft werden, wenn gravierende Zweifel an der Richtigkeit eines Zitats bestehen."

Österreichischer Zeitschriften-Verband
Hörlgasse 18-5, 1090 Wien
Tel. 01 - 31 97 00 1, Fax 01 - 31 97 00 1
E-Post: oezv@teleweb.at

Verband Österreichischer Zeitungen
Renngasse 12, 1010 Wien
Tel. 01 - 53 37 97 9, Fax 01 - 53 37 97 92 2
E-Post: gs@voez.at

2. Bundesrepublik Deutschland

ARD
Zuschauerservice
Arnulfstraße 42, 80335 München
Tel. 089 - 59 00 - 34 44
E-Post: zured@das-erste.de

3 Sat
Zuschauerredaktion
ZDF-Straße 1, 55100 Mainz
Tel. 06 131 - 70 1, Fax 06 131 - 70 68 06
E-Post: info@3sat.de

Bayerisches Fernsehen
Zuschauerservice
Rundfunkplatz 1, 80300 München

Tel. 089 - 59 00 - 01, Fax 089 - 59 00 - 23 75
E-Post: zuschauerservice@br-online.de
Innenpolitik: Bayerisches Fernsehen, Floriansmühlstr. 60, 80939; München, E-Post: info@br-online.de
Hörfunk: Bayerischer Rundfunk,
Rundfunkplatz 1, 80335 München,
E-Post: info@br-online.de

HR Fernsehen
Zuschauerservice
Bertramstraße 8, 60320 Frankfurt
Tel. 069 - 15 55 111, Fax 069 - 15 55 155
E-Post: hr-fernsehen@hr-online.de

MDR Fernsehen
Zuschauerredaktion
Kantstraße 71-73, 04275 Leipzig
Tel. 018 03 - 424 344
E-Post: zuschauerredaktion@mdr.de

N24
Oberwallstraße 6, 10117 Berlin
Tel. 030 - 20 90 0, Fax 030 - 20 90 20 90
E-Post: info@n24.de

n-tv
Zuschauerredaktion
Richard Byrd-Straße 4, 50829 Köln
Tel. 01 805 - 76 54 76
E-Post: info@n-tv.de

Pro Sieben
Zuschauerredaktion
Medienallee 7, 85774 Unterföhring
Tel. 01 805 - 507 - 77 50, Fax 089 - 95 07 - 11 22
E-Post: mail@prosieben.de

RTL Television
Zuschauerredaktion
Aachener Straße 1036, 50858 Köln
Tel. 01 805 - 54 46 69 9, Fax 01 805 - 54 47 77 7

SAT 1
Zuschauerredaktion
Oberwallstraße 6, 10117 Berlin
Tel. 01 805 - 11 41 11
E-Post: Zuschauerservice@sat1.de

Südwest Fernsehen
Zuschauerredaktion
Neckarstraße 230, 70190 Stuttgart
Tel. 01 805 - 929 - 500, Fax 01 805 - 9 29 - 3 33

Phoenix
Langer Grabenweg 45, 53175 Bonn
E-Post: info@phoenix.de

VOX
Zuschauerredaktion
Richard Byrd-Straße 6, 50829 Köln
Tel. 01 805 - 33 55 77, E-Post: mail@vox.de

WDR Fernsehen
Zuschauerredaktion
Appellhofplatz 1, 50667 Köln
Tel. 01 805 - 67 88 88,
E-Post: fernsehen@wdr.de
Hörfunk WDR 2, Appellhofplatz 1, 50667 Köln,
E-Post: wdr2@wdr.de

Zweites Deutsches Fernsehen
Zuschauerredaktion
ZDF-Straße 1, 55127 Mainz
Tel. 06 131 - 70 - 21 61, Fax 06 131 - 70 21 70
E-Post: info@zdf.de

Deutsche Welle (Hörfunk)
Kurt-Schumacher-Straße 3, 53113 Bonn,
E-Post: info@dw-world.de

Norddeutscher Rundfunk(Hörfunk)
NDR Info, Rothenbaumchaussee 132, 20149 Hamburg,
E-Post: info@ndrinfo.de

Radio Schleswig-Holstein
Wittland 3, 24109 Kiel,
E-Post: redaktion@rsh.de

Frankfurter Allgemeine –
Frankfurter Allgemeine Sonntagszeitung
Hellerhofstraße 2, 60327 Frankfurt
Tel. 069 - 75 910, Fax 069 - 75 91 - 17 43
E-Post: leserbriefe@faz.de
Innenpolitik E-Post: redaktion@faz.de
und sonntagszeitung@faz.de

Junge Freiheit
Hohenzollerndamm 27a, 10713 Berlin
Tel. 030 - 86 49 530, Fax 030 - 86 49 53 14
E-Post: verlag@jungefreiheit.de

Bild
Axel-Springer-Platz 1, 20355 Hamburg
E-Post: leserbriefe@bild.de

Bild am Sonntag
Postfach 2260, 20350 Hamburg
Tel. 01 8 05 - 71 77 17, Fax 040 - 34 72 55 10
E-Post: bams.leser@axelspringer.de

Die Welt - Welt am Sonntag
Axel-Springer-Str. 65, 10969 Berlin
Tel. 030 - 25 91 71 94 7
Innenpolitik E-Post: redaktion@welt.de und
politik@wams.de

Süddeutsche Zeitung
Sendlinger Str. 8, 80331 München
Tel. 089 - 21 83 0, Fax 089 - 21 83 78 7
E-Post: leserbriefe@sueddeutsche.de
Innenpolitik E-Post: redaktion@sueddeutsche.de

Preußische Allgemeine Zeitung – Das Ostpreußenblatt
20144 Hamburg, Parkallee 84-86,

Ruf: 040-414008-32, Fax -50
redaktion@preussische-allgemeine.de

Financial Times Deutschland
Stubbenhuk 3, 20459 Hamburg
Tel. 040 - 31 99 0-0, Fax 040 - 31 99 0-31 0
E-Post: leserbriefe@ftd.de
Innenpolitik: Financial Times Deutschland,
Friedrichstraße 71, 10117 Berlin, E-Post: presse@ftd.de

Westdeutsche Allgemeine
Friedrichstraße 34, 45128 Essen
Innenpolitik E-Post: zentralredaktion@waz.de

Rheinischer Merkur
Godesberger Allee 91, 53175 Bonn
Tel. 0228 - 8840, Fax 0228 - 88 41 99
E-Post redaktion@merkur.de

Handelsblatt
Kasernenstraße 67, 40213 Düsseldorf
E-Post: hb.wipo@vhb.de

Die Zeit
Speersort 1, 20095 Hamburg
Fax 040 - 32 80 404
E-Post: leserbriefe@zeit.de
Innenpolitik E-Post: diezeit@zeit.de

Cicero
Berliner Straße 89, 14467 Potsdam
Tel. 0331 - 20 13 4 0, Fax 0331 - 20 134 - 20
Innenpolitik E-Post: redaktion@cicero.de

Focus
Arabellastraße 23, 81925 München
Tel. 089 - 92 50 25 71, Fax 089 - 92 50 31 96
E-Post: leserbriefe@focus-r.de

Der Spiegel
Brandstwiete 19, 20457 Hamburg
Tel. 04 0 - 30 07 - 26 87, Fax 04 0 - 30 07 - 29 66
E-Post: leserbriefe@spiegel.de
Innenpolitik E-Post: spiegel@spiegel.de

Stern
Brieffach 18, 20444 Hamburg
Tel. 040 - 37 030, Fax 040 - 37 03 - 56 31
E-Post: briefe@stern.de

Wirtschaftswoche
Postfach 105465, 40045 Düsseldorf
Tel. 0211 - 88 70, Fax 02 1 - 88 79 7 - 97 21 22
E-Post: online@wiwo.de
Innenpolitik E-Post: wiwo@wiwo.de

Deutscher Presserat
Gerhard von Are-Straße 8, 53111 Bonn
Tel. 0228 - 98 57 20, Fax 0228 - 98 57 29 9

Deutscher Werberat
Sie können sich über Werbung beschweren per Post (Deutscher Werberat, Am Weidendamm 1A, 10117 Berlin), per Fax (030 - 59 00 99 - 72 2) oder E-Post (werberat@werberat.de). Wenn möglich senden Sie das kritisierte Motiv mit und nennen Sie den Grund Ihrer Beanstandung.

3. Schweiz

Der Schweizerische Beobachter
Förrlibuckstraße 70, 8021 Zürich
Tel. 043 - 44 4 - 52 52, Fax 043-44 4 - 53 53

Neue Zürcher Zeitung
Falkenstraße 11, 8021 Zürich
Tel. 044 - 25 81 11 1, Fax 044 - 25 21 32 9
E-Post: leserbriefe@nzz.ch
Innenpolitik E-Post: redaktion@nzz.ch

146. **Autorengemeinschaft der Milizoffiziere in der ÖLM:** Wenn Kulturen zusammenprallen. 99 Seiten, € 6,90. 1998
147. **K. Hügel:** Die Banater Schwaben in und aus Rumänien. 91 Seiten, € 6,75.
148. **I. Brantsch:** Das Leben der Rußlanddeutschen nach dem Zweiten Weltkrieg im Spiegel ihres Schrifttums. 108 Seiten, € 6,75. 1999
149. **H. Attinghaus:** Begegnung mit Goethe. Essays und Gedichte. Fotos, Karten, 96 Seiten, € 6,75. 1999
150. **M. Hobek:** Vor 80 Jahren: „Der Rest ist Österreich ...!" Zum Friedensvertrag von St. Germain. 112 Seiten, Abb., Karten, € 6,90. 1999
151. **M. Köck:** Das deutsche Lied. 108 Seiten, zahlr. Abb., Notenbeispiele. € 6,90.
152. **Attinghaus, Buchwald, Girtler:** Heimat. 96 S., Abb., € 6,75. 2000
153. **N. Prohaska:** Der Deutsche Schulverein – zum 120. Gründungstag. 32 Seiten Text und 15 Farbpostkarten. € 6,90. 2000
156. **E. Kosmath:** Bedrängtes deutsches Volkstum (Oberitalien, Ostdeutschland). 100 S., zahlreiche Karten und Abb., € 6,90. 2001
157. **H. Attinghaus:** Bayreuther Betrachtungen. 125 Jahre Festspiele. 104 S., zahlreiche Abb., € 7,12. 2001
R 158. **St. Hartwig:** Konfliktpotentiale der Zukunft. 104 Seiten, € 7,12. 2001
R 160. **R. Reimann:** Die Deutschen in Slowenien. Geschichte und Kultur vom Hochmittelalter bis zur Gegenwart. 112 Seiten, € 7,15. 2002
164. **R. Pertassek:** Hugo Wolf – Luigi Kasimir. Zwei deutsche Künstler aus der Untersteiermark. 112 Seiten, zahlreiche Abbildungen, € 7,40. 2002
165. **W. Caspart:** Der Marxismus. Von der Weltrevolution zur Politischen Korrektheit. 112 S., € 7,40. 2003
167. **C. Kollmann, E. Kühebacher:** Südtirol – Alto Adige – Südtirolo. Beiträge zur Tiroler Identität. 24 S., € 3,–. 2003
168. **G. Poschacher:** Österreichische Agrarpolitik im Wandel. Von der Sichel zum Mähdrescher. 112 S., Abb., € 7,40. 2003
169. **A. Olbrich:** Zerbrechliche Kostbarkeiten. Glas und Porzellan aus Böhmen, Mähren und Schlesien. 32 S., Farb- u. Sw-Abb., € 4,00 2003
170. **G. Eberbach:** „Woher? Wohin?" Die Wanderungen der Rußlanddeutschen gestern und heute. 112 S., Abb., zwei Farblandkarten € 7,40. 2003
172. **M. Hobek:** Irrtümer in Rot-Weiß-Rot ... und wie es wirklich war. 112 S., zahlr. Sw-Abb. € 7,40. 2004
173. **L. Höbelt:** Landschaft und Politik im Sudetenland, 112 Seiten, viele Fotos, € 7,40. 2004
R 174. **W. Marinovic:** Friedrich Schiller – er ist unser. Zum 200. Todestag. 112 S., Sw-Abb. € 7,40. 2004
175. **O. Scrinzi:** Vom Volk ohne Raum zum Raum ohne Volk. Von der demographischen Irrfahrt unseres Volkes. 112 Seiten, zahlr. Abb., € 7,40. 2005
176. **H. Uhlenhuth:** Von der Heimatfront zur Kampffront; 1944–1945. Das Kriegsende aus der Sicht eines damals 14jährigen. 48 Seiten, Fotos, Karten, € 4,–. 2005
177. **A. Mölzer:** Europa unser. Für ein Europa der freien Völker und der kulturellen Vielfalt. 112 Seiten, zahlr. Abb., Tabellen, Karten, € 7,40. 2005
178. **M. Kroner:** Deportation von Deutschen in die UdSSR. Zwangsarbeiter in der sowjetischen Wirtschaft (1945–1949). 112 Seiten, Abb., € 7,40. 2005
179. **H. Bergel:** Gedanken über Europa. Südöstliche Blickpunkte. 112 S., zahlreiche Abb., € 7,40. 2005
180. **E. J. Huber:** Wem gehört die Erde und wem Deutschland. 112 S., zahlreiche Abb., Karten, € 7,80. 2006

Einer der größten Erfolge bürgerlichen Aufbegehrens in Österreich. Herbst 1977: Alle protestierten gegen des AKW Zwentendorf.

ISBN 3-902350-19-9 € 7,80

Erste Bank Wien, Kto.–Nr. 00045195, Österreichische Landsmannschaft, B
20.111. BIC GIBAATWW, IBAN AT 58 20111 0000 0045 195.
Postbank Berlin, Kto.–Nr. 33200–101, Österreichische Landsmannsch
BLZ 100.100.10.
Raiffeisen Zentralkasse Südtirol, ABI 063493 CAB 11600, Kto 03/00/03 026
Um uns Spesenabzüge von mehr als 50% aus Staaten, in denen wir ke
Bankverbindung haben, zu ersparen, bitten wir um die Zusendung eines Eu
Geldscheins.

Medieninhaber, Herausgeber und Verleger: „Österreichische Lan
mannschaft“. Alle, auch Schriftleitung: A–1080 Wien, Fuhrmannsgasse 18
DVR: 0694703. – ZNr: 02Z031810 M, E-Post: info@oelm.at; Weltn
www.oelm.at; Telefon: 01-408 22 73, Fax: 01-402 28 82

Druck: Medienzentrum K. Werner G.m.b.H. & Co KG, A–1070 W
Lerchenfelder Straße 37.